JN274478

加藤亮太郎

国際取引法と信義則

理論と実際シリーズ
5
国際取引法

信山社

はしがき

　万民法型世界統一私法と呼ばれるウイーン売買条約（CISG）が，日本について2009年（平成21年）8月1日に発効する。以後ウイーン売買条約はわが国の国際取引法として，日本企業が行う国際売買の貿易取引に適用される。

　筆者は社会に出て以来長い間主として国際取引にかかわる国際企業法務に携わってきた。そこにおいて直面した大きな問題は国際契約の準拠法の問題である。それは基本的な問題ではあるが，相手方との関係で最も解決の困難な悩ましい問題であった。契約にあたり準拠法は日本法か，相手方の国法か，又は第三国法か，いずれかを選択するのが通常であった。相手方との取引の力関係や状況により，当方の日本法によることになったり，相手方の法になったり，第三国の法になったり，それぞれに準拠法が指定されたのである。時には，準拠法を敢えて定めないこともあり，単に法の一般原則によることもあった。筆者は70年代にいすゞ車のアメリカにおける販売について，GMとの契約交渉に関わったことがある。準拠法を日本法とする日本側の提案を，GMは検討の上快諾してくれたことが思い出される。

　ウイーン売買条約が発効すれば，日米，日加，日中，日韓，日豪，日墨などわが国近隣の条約加盟国との間の国際売買には，当事者が適用を排除しない限り，ウイーン売買条約が直接適用されるから，当事者間の悩ましい準拠法の問題は一挙に解消する。これはまさに画期的なことである。近隣の諸国との取引のみならず，はるか遠方のアフリカ諸国や欧州，中近東との国際取引にもウイーン売買条約が適用されて，紛争処理の予測可能性

はしがき

が著しく高まることに大きな意義があるのである。

　ウイーン売買条約の規定のうち第7条が，条約の特徴とその意義を知る上で，最も重要な規定である。このためこの条文に関する判例の数が非常に多いのである。

　これから本文で詳説するが，CISG 7条(1)項は，この条約の解釈にあたって，1) その国際的性質，2) その適用における統一，3) 国際取引における信義の遵守を促進する必要性，を考慮するべきことが規定されている。

　条約の国際的性質は，条約が加盟国の当事者間で行われる国際取引に適用されること（CISG 1条）からも明らかであるが，その適用の統一性については，CISG 7条(2)項によって確保されている。すなわち条約の解釈と適用にあたって，条約に明示的に規定されていない事項については，条約の基礎にある一般原則に従い，そのような一般原則がない場合は，国際私法の準則により指定される国家法たる国内法によって，解決することとされている。

　ウイーン売買条約の適用と解釈は各加盟国の司法法廷や仲裁廷においてなされるから，その統一性をどのように実現して行くのか，条約の普遍的統一性の確保が，ウイーン売買条約を世界統一私法として成功させる鍵を握っているものと言えるのである。

　また，国際取引における信義の内容とその基準はいかなるものであるのかが問われる。それは条約の基礎にある一般原則であるのかどうかも問われる。

　ウイーン売買条約の規定のうちもう一つ重要なものは，第25条のfundamental breachという契約責任の規定である。契約解除のトリガーとなるこの規定の意義について，この際検討しておく必要があるものと思われる。

　これらの点について本書において，これまでにUNCITRAL等におい

て蓄積された判例のデータベースを参照しながら，検討することにしたい。

　もとより浅学な者の小さな研究であるから，思わぬ間違いや思い違いがあるかもしれないことを承知している。誤りについてご指摘，ご教示いただければ幸甚である。それでもなお今この小著を世に出すことにしたのは，わが国が長い間疎遠にしてきたウイーン売買条約に加入して加盟国になるためである。この際ウイーン売買条約の重要な条文について検討しておくことに意味があるものと考えたからである。

　本書で引用又は参照させていただいた先人達の学恩に感謝し，これをもって心からの御礼を申し上げたい。特にたびたび引用・参照させていただいた『国際売買法』の著者，曽野和明先生と山手正史先生に感謝し厚く御礼を申し上げたい。

　東海大学法学部に出講したときの山下丈教授（当時），吉垣実助手（当時），石川光晴院生（当時），滋賀大学経済学部教授時代の冨田光彦教授（当時），神戸学院大学法科大学院教授時代の小櫻純教授をはじめとする多くの同僚教授，関係した大学・大学院の事務の方々，のご芳情と励ましに心からの感謝を申し上げたい。その他いたらぬ筆者を支えて下さった多くの方々，特に，伊藤忠商事株式会社法務部と株式会社日本製鋼所総務部の方々，内外の弁護士事務所の弁護士の方々，をはじめとする多くの方々に心からの感謝を奉げさせていただきたい。

　信山社の袖山貴氏と稲葉文子氏のアドバイスに感謝を申し上げる。最後に妻絢子に感謝を奉げたい。

　　2009年5月

葉山にて
加藤亮太郎

【目　次】

はしがき

はじめに

第1章　北海油田の Phillips Petroleum 対 Enron 事件から
　　　　──問題の所在 ……………………………………………… 5
　1　Phillips Petroleum Company (UK) Limited et al v.Enron Europe Limited（以下 Enron 事件）(5)
　2　Enron 事件の評価と問題点 (8)

第2章　国際商事契約に適用される信義則 ……………………… 13
　1　国内法 (13)
　2　1980年 UNCITRAL「国際物品売買契約に関する国連条約」(CISG) (15)
　3　2004年ユニドロワ国際商事契約原則 (16)
　4　2000年ヨーロッパ契約法原則 (20)

第3章　国際取引における信義誠実の原則
　　　　──ウイーン売買条約 (CISG) を中心として ……………… 23
　1　取引と信義則 (24)
　2　ウイーン売買条約 (CISG) の成立と信義則 (27)
　3　国際取引における信義の遵守 (CISG 第7(1)項) (30)
　4　条約の基礎にある一般原則 (CISG 第7条(2)) (40)
　5　ウイーン売買条約の信義則と判例 (43)
　6　ウイーン売買条約と信義則の展望 (51)
　7　結　び (54)

第4章　ウイーン売買条約における事情変更の原則
　　　　──CISG 第79条について ………………………………… 57
　1　条約の事情変更の法理 (58)

目　次

　　2　障害（impediment）の法理（60）
　　3　判例にみる自己の支配を越えた障害（64）
　　　（1）自己の支配を越えた障害が肯定された事例（65）／
　　　（2）自己の支配を越えた障害が否定された事例（67）
　　4　判例にみる契約締結時に予見不可能な障害（68）
　　　（1）政府当局の輸出禁止規制と炭坑ストライキ（69）／
　　　（2）放射能で汚染された粉ミルクの輸入と政府当局の輸入禁止措置（69）
　　5　判例にみる回避または克服不可能な障害（70）
　　　（1）生産地における悪天候（豪雨）による生産量の減少等（70）／（2）輸入国における鳥インフルエンザの規制（71）
　　6　経済的な履行困難（72）
　　　（1）判例と学説（72）／（2）実際的な解決方法と私見（74）
　　7　その他の事項（76）
　　8　結　び（76）

第5章　ユニドロワ国際商事契約原則における事情変更の原則 ‥‥79
　　1　ユニドロワ契約原則の前文（80）
　　2　ユニドロワ契約原則の不可抗力条項（81）
　　3　ユニドロワ契約原則の履行困難（Hardship）条項（83）
　　4　英米法における履行困難の法理（85）
　　5　ユニドロワ契約原則の履行困難（Hardship）の要件（90）
　　　（1）履行困難の客観的要件（90）／（2）履行困難の主観的要件（93）
　　6　ユニドロワ契約原則の履行困難の効果（94）
　　　（1）当事者間の再交渉について（94）／（2）契約解除について（96）／（3）契約の改訂について（98）／（4）法廷について（100）
　　7　国際取引と履行困難の展望（101）

第6章　契約と事情変更について
　　　──Economic Hardshipをめぐるアメリカ法を中心として‥‥‥105

1　Economic Hardship の要点（106）
  2　Commercial Impracticability（106）
  　　（1）Restatement（Second）of Contract 261条（107）／
  　　（2）UCC2-615条（107）
  3　アメリカ判例の動向（108）
  　　（1）スエズ運河事件の判例（108）／（2）エネルギー危機の時代（70年代～80年代）の判例（109）／（3）80年代から90年代への判例（110）／（4）救済を認めた少数の判例（111）／アメリカ判例動向の総括（112）
  4　実際的解決の必要性（113）
  5　実際的解決の具体策について（114）
  　　（1）経済的履行困難に対処するための規定（114）／（2）紛争処理（ADR）条項（115）

第7章　取引における信義誠実の原則……………………………119
  1　取引における信義則の本質（120）
  2　契約交渉上及び準備段階における信義則（125）
  3　最近の判例にみる契約交渉上及び準備段階における信義則の適用（127）
  　　（1）東京地裁昭和53年5月29日判決（世界博覧会用映画制作事件）（127）／（2）最高裁昭和59年9月18日第3小法廷判決（歯科医マンション購入事件）（128）／（3）東京高裁昭和62年3月17日判決（インドネシア木材事業事件）（129）／（4）東京地裁平成8年12月26日判決（日光リゾートマンション事件）（131）／（5）東京地裁平成18年2月13日民事第7部判決（住友信託銀行対UFJ事件）（133）／（6）最高裁平成19年2月27日第3小法廷判決損害賠償請求事件（ゲーム機開発製造事件）（137）
  4　契約交渉上及び準備段階における当事者の法律関係（141）
  5　信義則による契約内容の変更又は改訂（146）
  6　結　び（153）

目　次

第 8 章　ウイーン売買条約における契約責任
　　　　——CISG 第25条の fundamental breach について……………155
　　1　CISG における重大な契約違反（fundamental breach of contract）の規定（156）
　　2　重大な契約違反（fundamental breach of contract）である場合（160）
　　3　予見性（foreseeability）——CISG25条但し書（unless clause）（163）
　　4　立証責任とその他の事項（164）
　　5　重大な契約違反と契約解除の判例（case law）（165）
　　　　（1）CISG25条の重大な契約違反が認められて契約解除が肯定された判例（165）／（2）不完全履行の場合——場合により重大な契約違反が認められた事例（165）／（3）CISG25条の重大な契約違反が認められず契約解除が否定された判例（165）
　　6　日本法における責務不履行と契約解除（173）
　　7　結　び（175）

第 9 章　国際取引における世界法たる jus gentium の形成………177
　　1　国際取引における準拠法（179）
　　2　世界法たる jus gentium の学説（182）
　　3　世界法たる jus gentium の形成（184）
　　　　（1）ICC の援用可能国際ルール（185）／（2）ユニドロワ国際商事契約原則（PICC）（189）／（3）1980年ウイーン売買条約（CISG）（197）
　　4　結　び（201）

おわりに——新しい世界法たる jus gentium の形成へ………………203

事項索引（207）

国際取引法と信義則

はじめに

　国際取引は世界的な規模でグローバルに行われている。ここではそのようにグローバルに行われている取引における信義誠実の原則又は信義則が本書の主たるテーマである。

　対象となる取引は国際取引であるが，それは国際商取引である。会社や個人商店など企業と企業との間で行われている国際的な取引を対象としている。主として国際物品売買と国際物品売買に関連する国際運送，国際保険や支払いなどのサービスの取引も含まれる。消費者との取引は対象外としている。わが国が2008年7月に加入し2009年8月からわが国について発効するウイーン売買条約（CISG）も企業間の物品売買を対象としており，消費者売買は対象外としている（CISG 2条(a)号）。したがって本書において対象となる取引は，主として，ウイーン売買条約のもとに行われる国際物品売買である，ということになる。

　本書で検討する国際取引又は国際商取引における信義則は，国際取引又は国際商取引を行う当事者が締結する国際商事契約における信義則である。

　ここでいう国際取引又は国際商取引は，英語で international trade のことであり，ウイーン売買条約で用いられている用語である。国際商事契約は，英語で international commercial contracts のことである。それはユニドロワ国際商事契約原則で用いられている用語である[1]。ここでは国際商事契約についてあまり厳密な定義をしないで，おおよそ国際的に行われている企業間の取引で，主として物品売買やサービスの取引に係わる契約

（1）国際契約 international contracts，商事契約 commercial contracts については，UNIDROIT Principles of International Commercial Contracts, Rome 2004（以下「ユニドロワ契約原則」又は PICC）Preamble 前文コメント1及び2を参照。

3

はじめに

を念頭において，検討をすすめる。

　信義の原則又は信義則は大きく且つ深いテーマであるので，本書の考察はほんの一考察に過ぎない。

　ここで検討する問題は全て私法の分野である。国際取引を規制する外為法や関税法などの公法的な取締法規，或いは国際取引の枠組みを規定するWTO協定などは対象外であることを，念のためお断りしておく。

第 1 章 北海油田の Phillips Petroleum 対 Enron 事件から
―――問題の所在

> 1　Phillips Petroleum Company（UK）Limited et al v. Enron Europe Limited
> 2　Enron 事件の評価と問題点

　ここで取り上げる Enron 事件は1990年代中頃に発生した北海油田の天然ガス供給契約にかかわる英国の訴訟事件である。この90年代の英国の判例を検討することにより，本書の主題である国際商事契約と信義則についての問題点を明らかにしたいと思う。

1　Phillips Petroleum Company（UK）Limited et al v. Enron Europe Limited（以下 Enron 事件）[1]

　1）Phillips Petroleum Company（UK）Limited 並びに他の2社 Agip（UK）Limited と British Gas Exploration and Production Limited の3社を売主として，3社はそれぞれ1993年3月26日 Enron 社と長期ガス供給契約 Gas Sales Agreement を締結した。Enron 社が2011年にいたるまで，

---

[1] Lexis Nexis（Transcript: Smith Bernal）Pages 22 Court of Appeal（Civil Division）Hearing-Dates: 10 October 1996
　Lexis Nexis（Transcript）Pages 12 Queen's Bench Division（Commercial）Hearing-Dates: 8 May 1996
　この Enron 事件についてのコメントは下記がある。
　Paula Hodges, "Take or Pay "and" Send or Pay" ―A Perspective on Recent Litigation, COMMENT SECTION: [1997] 12 O.G.L.T.R.469, 470
　Clifford Chance Bulletin COMMERCIAL LAW AND COMPETITION, PLC November 1996 at 53, 54 等

第1章　北海油田のPhillips Petroleum対Enron事件から

いわゆるtake or pay条件で売主のガス生産量全てを固定価格により引取るという内容の契約であった。売主は北海中央のJ Blockと呼ばれるガス田のオーナーである[2]。

2）本件のガス供給契約は厳密に言えば，英国内の国内取引であり国際契約ではない。しかし売主・買主ともに国際的に取引を展開している国際的会社であること等，取引全体から国際契約であるとみてよい。

3）本件事件の背景となる事実は次の通りである。

ガス供給契約上，ガスの供給開始（操業開始）とガスの引取開始のために，売主・買主がそれぞれ責任をもってガスパイプラインの設置，引取用タンクの設置を，履行することが定められており，両者が互いに連絡を取り合ってほぼ同時期に設置を完了するべきものと規定されていた（2.2条）。

実際に施設の設置は，両方とも1996年2月頃完成して，操業可能な状態となった。

ところが，Enronは契約上定められている試運転（Run-in Test）のためのガス引渡（引取）開始日Commissioning Dateの合意を拒否したため，本件紛争となったものである。

ガス供給契約上Commissioning Dateが決まれば試運転開始となり，3日間の試運転によって，売主のガス供給能力が一定の基準に達していることが証明されれば，試運転は完了（買主側の引取能力が証明されなくてもみなし完了）となる（2.4条）。そして，試運転完了後48時間経過後に，自動的にtake or pay義務のあるFirst Delivery Dateとなる旨規定されていた（2.6条）。

なお，本件紛争の背景として1995年にガス市況の崩壊があり，ガス市価が契約価格に比し大幅（2分の1以下）に下落していたことがある点に，注意するべきである。

（2）ガス供給契約におけるtake or pay条件とは，ガス現物の引取りをするか，引取りをしなければ直ちに支払いをしなければならない，という条件である。

1 Phillips Petroleum Company (UK) Limited et al v. Enron Europe Limited

4）争点と判決

ガス供給契約2.2条にはCommissioning Dateの決定について，当事者は"use reasonable endeavours to agree"「合意する合理的努力をする」べきものと規定されていた。但し，合意できないときは，最終1996年9月25日と定められていた。

このような事実を背景として，本件事件は契約条項である"use reasonable endeavours to agree"の規定についての解釈が争点となっていたものである。

英国裁判所の判決の経緯は次のとおりである。

第1審判決（8 May 1996 Queen's Bench Division (Commercial)）

Colman判事の判決要旨

「売主側の供給用ガスパイプラインの建設と，買主側のガス受取り用タンクの建設を，時期的に一致させるという契約上の規定をあわせ読むと，"use reasonable endeavours to agree"は法的強制力ある義務である。EnronがCommissioning Dateの合意を拒むことができる場合は，ガス引取りのための設備について技術上又は操業上の理由がある場合だけであって，Enron側の商業上経済上の理由は認められない[3]。」

被告Enronが第1審敗訴となったため控訴した。

第2審判決（10 October 1996 Court of Appeal (Civil Division)）

2対1の多数意見であるKennedy判事の判決要旨

「EnronがCommissioning Dateの合意を拒むことができる場合は，技術上又は操業上の理由だけでなく，Enronの経済上又は採算上の理由も認められる。第1審判決が買主への金銭上の効果（financial effect on him）を無視して当該条項の法的強制力を認定したのは相当ではない[4]」として，

---

[3] Transcript, supra, at 154-155
[4] Transcript: Smith Bernal, supra, at 136-137

第1章　北海油田の Phillips Petroleum 対 Enron 事件から

　　第1審判決を破棄，Enron が勝訴した。

　　被告 Enron は自己の経済上の都合で，操業開始を1996年9月まで先送りしてもよいという判決であった。

　原告は House of Lords に上告（1997・2・14上告受理）。

　1997年6月，和解成立。Enron が和解金440ミリオンドルを支払い，ガス供給契約の契約条件を改定した。改定条件の詳細は不明であるが，Enron は固定価格の take or pay 条件から市場価格を反映した契約条件に変更している(5)。

2　Enron 事件の評価と問題点

　本件事件の概要は前述の通りであるが，この判例を検討し評価するといくつかの問題点を指摘することができる。

　1）本件は"use reasonable endeavours to agree"という契約条項の解釈の問題として争われたものであるが，長期契約締結後の事情変更の状況における Enron の契約履行が経済的に困難となった履行困難（Hardship）のケースであるとも考えられる。本件の場合，契約成立後の履行上の問題として捉えることができると，考えられるからである。

　もし Enron が1996年2月（施設完了の頃）から契約条件の通り試運転を実施して，take or pay ベースでガス引取りを実行していれば，Enron に多大の損失が発生していたものである(6)。

　2）第1審判決は，当事者が合意した契約条項にそのまま法的強制力を認めるという，契約自由の原則を重視する英国の伝統的な厳格性が見られる。

　これに対して第2審判決は，契約条項の解釈にあたり，契約履行上の当事者の経済的事由を酌量している。Kennedy 判事が「買主に対する金銭上の効果（financial effects）を無視できない」としている点に注目しなけ

（5）June 2, 1997 The Reuter European Business Report, "Enron Pay $ 440 Million to Settle British Gas Dispute" by James Pierpoint, Houston, June 2

ればならない。

　第2審判決多数意見は，契約条件通りの履行を買主に課せば，買主に多大の損失が発生する金銭的効果を無視することができない，としている。即ちもし契約条件通りの履行を買主に強制すれば，買主にとり苛酷となり衡平に反することになる，という判決である。

　判決結論は明らかに衡平をもって判定していると言えるのである。Kennedy 判事の引用ないしは参照している先例が示した解釈の基準は，equitable や fair and reasonable であるからでもある。

　第2審判決が，一般原則としての信義則を認めて，信義則から又は信義則を用いて，判定しているわけではない。この点英国法の特徴であり限界でもある。

　しかし第2審判決が reasonableness の解釈について，金銭上経済上の効果にまで踏み込んだ基準を示して判定した点は一定の評価をすることができる判決である。

　3）この判例におけるもう1つの問題点は，契約の準備段階における信義則の問題である。この Enron 事件は契約履行前の準備段階における信義則の問題であるとも理解できるのである。

　即ち，ガス供給契約上 First Delivery Date にいたるまでの期間は take or pay 義務の発生する契約履行にいたる準備段階であったと，位置付けることができるのであるが，このような準備段階において "use reasonable

---

（6）1995年当時から Enron の履行困難は業界ではよく知られていたようである。
　"Enron Delays Buying North Sea Gas from Phillips", New York Times Sept.15, 1955 at D1 を参照。
　本件の場合，売主側の供給用パイプラインの建設，買主側の引取用タンクの建設という契約上の大きな義務の履行は両者とも完了しており，ガスの引取り開始時期だけが決まれば，買主側のガス引取り又は代金支払いの義務（take or pay 条件）が開始する，という状態であった。本件は，ガス引取り又は支払義務の履行前に，履行困難を主張できるかどうか，という問題である。本件の場合，履行上の問題としてそのような主張はできるものと考えられる。

endeavours to agree"の解釈が問題となったものである。

　本件の場合，ガス供給契約で定められていた準備行為は順調に履行されている。1996年2月中頃には売主・買主共に定められた設備の設置を完了しており，その設備は稼動可能な状態にあったとされるから，準備行為がほぼ完了したこの段階において，Enronが特に理由もなく自己の経済的な都合から合意を拒否するのはreasonableではない，又はuse reasonable endeavours義務違反である，信義義務の違反である，ということができるのである。

　もしそうであるならば第2審判決は上告審では維持されなかったものと思われるのである。Enronが控訴審で勝訴したにもかかわらず上告審を争わず高額の和解金を支払って和解した所以が，このあたりにあるものと思われる。

　4）イギリスでも，英語で"good faith"という言葉は存在する。現にEnron事件のガス供給契約においてはgood faithがuse reasonable endeavoursとともに並行して用いられている。このガス供給契約においてはuse reasonable endeavoursの基準はgood faithにあったとも読めるものである。

　しかし，英国法では一般原則としての信義則は認められないと言われている。

　Enron事件第2審判決も信義則からの判定ではないことは前述の通りであるが，信義則に代わって，equitableやfair and reasonableやreasonablenessの基準が用いられている。これらの基準を信義則の代わりに用いることにより信義則を用いたのと同等の結果を導いているのである[7]。

　また，英国法では，契約交渉上又は契約締結上の信義則は認められないとされる[8]。Common lawは契約交渉や締結上の信義則を認めず，契約

---

(7) 英国における信義則に代わる基準についての議論は，例えば，
　Butterworths Common Law Series The Law of Contract, Butterworths (1999), Chapter 1 E Good Faith A general principle of good faith at 67-85 を参照。

交渉や締結は当事者の問題であって,あくまで当事者の自己責任において行われるものであるとする。しかし場合により衡平法の救済が与えられる。

5) 国際商事契約においては,Enron事件のように「最善努力」や「誠実協議」の条項,或いは一般見直しや再交渉の条項が盛り込まれることが行われる。そしてそれらの条項の解釈がしばしば争われる。そのような場合に信義則や衡平が登場するのである。国際商事契約の条項の解釈と履行上の問題について,信義則や衡平が問題解決の基準となるのである。

また国際商事契約の交渉や契約締結の段階における問題も発生する。契約交渉がある程度進んだ段階において,一方の当事者が交渉を打ち切ることにより発生する相手方の信頼利益を損なう場合や,いわゆるレターオブインテントなど正式契約にいたるまでの予備的合意についても,紛争がしばしば発生する。そのような場合にも信義則や衡平が問題解決の基準となるのである[9]。

Enron事件から導かれる問題の所在を総括すると,問題は國際商事契約における信義則の基準をどこに求めることができるのか,にある。信義則の基準を国家法である国内法の信義則に求めるよりも,国際商事契約に適用される普遍性のある信義則の基準とその形成を求めてゆくことが,われわれの基本的な課題である。

以上見てきたとおり、国際商事契約に適用される信義則の具体的な問題としては,契約交渉や契約準備段階における契約成立上の信義則の問題が

---

(8) Butterworths, id, at 94 ;
  Cheshire, Fifoot & Furnston's, Laws of Contract, thirteenth ed., Butterworths (1996) at 68-69
(9) Enron事件は,2002年11月16日関西学院大学において行われた国際商取引学会における「国際商事契約と信義則についての一考察——新しい Jus Gentium 形成の展望の中で——」という研究発表に報告されたものである。この研究発表は国際商取引学会年報2003年第5号115-127頁に掲載されている。Enron事件と研究発表に対する,柏木昇教授のコメントも128-129頁に掲載されている。

ある。また，国際商事契約の履行途上における予期せぬ事情の変更による当事者の履行不能又は履行困難の問題がある。これらの問題がここで検討する基本的な課題に伴う信義則の具体的な問題である。

これより，国際商事契約に適用される信義則の基本的な課題として信義則の基準と内容について検討をすすめるが，具体的な問題として契約成立上の信義則と予期せぬ事情変更による履行不能や履行困難について，検討する。このような検討は，国債取引又は国際商取引のもつグローバル性，transnational 又は supranational 性に注目しながらすすめるものである。

第2章 国際商事契約に適用される信義則

1　国内法
2　1980年 UNCITRAL「国際物品売買契約に関する国連条約」(CISG)
3　2004年ユニドロワ国際商事契約原則
4　2000年ヨーロッパ契約法原則

　国際商事契約に適用される信義則としては，国内法，国際条約，国際契約原則などの信義則が考えられる。概観すると次の通りである。

1　国内法

　1）先述の通り，イギリスには信義則は一般原則として存在しない。EU内において信義則を認めないイギリス，アイルランドのCommon Law地域と信義則を認める大陸法地域とが並存する対照的な姿となっている。

　欧州大陸においてはドイツ，スイス，オランダ，フランス等EU全域に亘って信義則が認められるが，同じEU内でも国によって信義則の適用範囲においても効力においてもかなりの相違がみられる[1]。

　2）アメリカには契約の履行と執行について一般義務として信義則が存在する（UCC1-201条を参照）。アメリカの信義good faithの基準は，第5条（信用状取引）に規定されている場合を除いて，「事実において正直であ

---

(1) EU各国における信義則についての比較検討は下記を参照。
　Ole Lando and Hugh Beale ed., Principles of European Contract Law Parts I and II, The Commission on European Contract Law (2000), Notes to Article 1 : 201
　Good faith and fair dealing at 116-119; Reinhard Zimmermann and Simon Whittaker ed., Good Faith in European Contract Law, Cambridge Univ. Press (2000)

第2章　国際商事契約に適用される信義則

ること並びに公正取引の合理的な商業基準の遵守」(honesty in fact and the observance of reasonable commercial standards of fair dealing) である（UCC1-201(20)を参照[2]）。

　3）日本法は一般原則としての信義則を認めており（昭和22年民法第1条2項），判例は主として不動産取引において広く信義則を適用している。また日本の判例は，信義則適用の効果において踏み込んだものとなっている[3]。

　このように，信義則は国内法によって相当な差異があるのであり，その内容が国によって異なるものである。特に事情変更の状況や契約準備段階に適用される信義則は国によりかなりの差異がみられる。このように国内法では信義則についてかなりの差異が見られるので，普遍的な世界共通の信義則の基準は，国内法のレベルでは存在していないと言うことができる。国内法が準拠法として国際取引に適用される場合は，契約当事者の合意による選択によるか，法廷地の国際私法の準則により，準拠法として指定される場合である。

　国際商取引は国の枠を越えて行われるグローバルなものである。その性質からグローバルな商取引にはグローバルな普遍的な世界共通の基準があ

（2）アメリカの信義の定義は Restatement (Second) of Contract 205条を参照。
　商事契約（merchantの場合）に適用される信義の基準は「事実において正直であり且つ業界における公正行動の合理的な商業基準の順守」(honesty in fact and the observance of reasonable commercial standards of fair dealing in the trade) という客観的基準である。2003年改正前の UCC 2-103(1)(b)参照。本書25頁注（6）を参照。
　アメリカ法における信義則の位置付けについては 8 Corbin on Contracts rev. ed., Chapter 33 Constructive Conditions in Sale of Goods at 163, 186 (1999) を参照。
　アメリカ法における契約締結上の過失については Friedrich Kessler and Edith Fine, Culpa in Contrahendo, Bargaining in Good Faith, and Freedom of Contract: A Comparative Study, 77 Harv.L.Rev. 401 (1964) ; E. Allan Farnsworth, Article: Precontractual Liability and Preliminary Agreements: Fair Dealing and Failed Negotiations 87 Colum.L.Rev. 217 (1987) 等を参照。
　アメリカ法における事情変更の法理については 6 Corbin on Contract rev. ed.,Tpic B Impossibility at 321 以下等を参照。

れば望ましいと言えよう。そこで万民法 jus gentium たる国際条約や国際契約原則を見て行かなければならない。

2　1980年 UNCITRAL「国際物品売買契約に関する国連条約」(CISG)

　信義則は CISG 第7条1項に規定がある。

　CISG 第7条1項によれば CISG の解釈にあたっては，国際取引における信義の遵守（observance of good faith in international trade）を顧慮すべきものと規定されている。条文上信義の遵守の原則（信義則）は，CISG の解釈のみに適用されるように読めるが，後に見てゆくように，条約の解釈のみならず条約の適用にも広く用いられているのである。

　ここでいう「国際取引における信義」の基準は条約上明らかでないが，国際取引を行う業界で認められる信義であって，国内取引の基準ではない

（3）日本法は旧民法（明治31年）には信義則の規定はなかったが，大正末の大審院判決（大正9年12月18日判決・民録26輯1947頁，大正13年7月15日判決・民集3巻362頁）から信義則が導入されて，学説もこれを提唱し，次第に法原則として確立していったものであったが，昭和22年の民法改正により一般基本条項として規定されたのが民法1条2項である。『新版注釈民法(1)』（有斐閣，2002年）73-148頁
　戦後の混乱期から賃貸借や不動産取引等について，事情変更の状況に信義則が用いられており多くの判例が残されている。中山充「事情変更の原則」現代契約法大系第1巻70頁
　事情変更の状況について信義則を適用した比較的最近の判例では，契約の解消を認めたり（昭和58年3月14日名古屋地裁判決・判時1084号107頁），契約価格の改訂まで行っている（昭和63年12月26日神戸地裁伊丹支部判決・判時1319号139頁）。しかし日本の判例の示す信義則の基準は必ずしも明確なものではなく，「公平」（名古屋地裁判決）とか「信義衡平」（神戸地裁判決）等である。
　契約交渉上又は契約準備段階における信義則を扱った判例もいくつか存在する（昭和59年9月18日最高裁判決・判時1137号51頁等）。本書第7章参照。
　前述の Enron 事件と最も類似した契約準備段階における信義則の事例としては平8年12月26日東京地裁判決（日光リゾートマンション開発事件）判時1617号99，104頁がある。これは国内の事件であるが，国際事件としては，昭和62年3月17日東京高裁判決（インドネシア木材事業事件）判時1232号110頁がある。本書第7章参照。

第2章　国際商事契約に適用される信義則

ことは明らかである。

　CISG第7条2項の「条約の基礎」となっている一般原則に信義則が含まれるかどうかは条約の条文上は明らかではない[4]。

　ICC仲裁判断（1997・1・23）[5]は「信義則は条約の解釈のみに適用される」とされるが，ハンガリー仲裁判断（1995・11・17）[6]では「信義則は条約の解釈のみならず，契約履行について当事者が遵守するべき基準でもある」とされていて，判定が分かれている。

　因みにUNCITRAL Model Law on Electronic Commerce 1996, as amended 1998第3条においても，電子商取引モデル法の解釈の基準として信義の遵守を顧慮するべきもの，とされている。

　CISG第7条については，次の第3章において詳説する。

3　2004年ユニドロワ国際商事契約原則

　ユニドロワ契約原則は全体が妥当な規定となっている国際契約法である。国際商事契約の一般原則（general rules）を規定している（前文第1文）。又CISGなどの国際条約を解釈し補完するものとして使用されることが予定されている（前文第5文）。

　強制力ある法ではなく国際リステートメントを目指したものである[7]。信義則は1.7条に規定がある。

Art.1.7　Good Faith and Fair Dealing　信義と公正行動

---

[4] ペーター・シュレヒトリューム教授は，CISGにおける法の一般原則としての信義則は肯定的見解である。判タ739号7頁「国際統一売買法セミナー」ペーター・シュレヒトリューム，吉野正三郎＝安達栄司訳21頁「5　CISGの一般原則と信義則について」を参照。

[5] 1 UNILEX, D.1997-3

[6] 1 UNILEX, D.1995-28.6

[7] Bonell, Michael Joachim, An International Restatement of Contract Law, The UNIDROIT Principles of International Commercial Contracts, 3d ed.（incorporating the UNIDROIT Principles 2004）（Transnational Publishers, Inc. 2005）

「各当事者は国際取引における信義と公正行動にしたがって行為しなければならない」（1項）。

ここには must という強い言葉が使われている。
「当事者はこの義務を除外したり制限することはできない」（2項）。

ユニドロワ契約原則の信義則の基準は「国際取引における信義と公正行動」（good faith and fair dealing in international trade）である。

1）「国際取引における」（in international trade）について

具体的な国際取引の業界において認識されている，或いは国際取引の業界において共通の理解となっている信義と公正行動のことである。

国内法の信義則は基準とはならない。しかし各国の国内法に共通して一般に受容されている基準があれば国際取引における信義則になり得る（1.7条コメント3．参照）。

1.7条の international trade は，「国際取引」という意味よりも「国際取引業界」という意味合いが強い。国際商取引を行っているそれぞれの業界におけるという意味である。そこにおいては international というよりも transnational 或いは supranational な業界（trade）の存在を視野においている（1.7条コメント3前文 Preamble コメント1及び1.6条コメント2等を参照）。この点国の枠を越えたグローバルな商取引業界を対象としていることは，商慣習についての1.9条においても明らかである[8]。

2）「信義と公正行動」（good faith and fair dealing）について

信義 good faith と公正行動 fair dealing とが一体となっている。両者は

---

[8] 商慣習（usage）については，PICC 1.9条(2)項に「国際取引の当該業界の当事者に広く知られていて且つ国際取引業界においていつも順守されている商慣習に当事者は拘束される」とある通り，国際取引業界の存在を前提とした規定になっている。

又当事者の合意がある場合の1.9条(1)項に加えて，(2)項は当事者の合意がなくても当該国際取引業界の「当事者によく知られていていつも（regularly に）順守されている商慣習に拘束される」とされている点に注意するべきである。この規定の要件に合えば，INCOTERMS や信用状統一規則も，当事者の援用がなくても，当事者を拘束するものとなる。CISG 9条は商慣習の適用は当事者の合意を必要とする。

第2章 国際商事契約に適用される信義則

切り離して規定されていない。単に信義 good faith ではない信義と公正行動 good faith and fair dealing という客観的基準である。それは或る取引において業界の合理的な当事者ならば為すであろう信義と公正行動である。信義 good faith には当事者の誠実，誠意，正直という主観的な意味があるが，信義と公正行動 good faith and fair dealing は主観的基準ではない。またそれは善意の第三者や善意取得の「善意」とも異なるものである。

ユニドロワ契約原則において単に good faith とされている箇所もあるが（例えば Art. 6.2.3 Comment 5. "Renegotiation in good faith"），多くの場合は good faith and fair dealing になっている（例えば Art. 4.8, Art. 5.1.2）。

単に good faith としている場合や good faith and fair dealing としている場合であっても，ユニドロワ契約原則の信義則の基準は同じである。即ち good faith and fair dealing in international trade という基準である（1.7条コメント3後段を参照）。

3）1.7条の信義則は，ユニドロワ契約原則の基礎をなすものであり，全体を貫く基本的（fundamental）な原則である（1.7条コメント1及びコメント4）。

1.7条の信義則は，ユニドロワ契約原則の基本的原則であって，この原則を基礎にしていくつもの重要な規定が盛り込まれている。例えば次のような規定である。

2.1.15条　悪意の交渉（Negotiations in bad faith）

第1項は，当事者は自由に交渉してもよいし，合意に達することができなくても責任は生じない，と規定している。

第2項は，当事者が悪意をもって交渉したり交渉を決裂すると，相手方が蒙る損害に責任がある，と規定している。

第3項は，相手方と合意に達しない意図をもって交渉したり交渉継続をした場合は悪意がある，と規定している。

4.1条　当事者の意思（Intention of the parties）

当事者の意思の解釈は，同じ状況における「合理的な者」が与えるであろう意味，を基準とする。

4.2条　言明と行為の解釈（Interpretation of statements and other conduct）

4.1条と同じ「合理的な者」を基準とする。

4.8条　規定のない条項の補充（Supplying an omitted term）

規定のない条項の補充は，当事者の意思，契約の性質や目的，信義と公正行動，合理性など，を基準として決定する。

5.1.2条　黙示の義務（Implied obligations）

黙示の義務は，契約の性質や目的，両当事者において確立されている慣行，信義と公正行動，合理性，から発生する。

5.1.3条　当事者間の協力（Co-operation between the parties）

各当事者は，他の当事者が合理的（reasonably）に協力を期待している場合，他の当事者の義務履行について協力をしなければならない，と規定している。

6.2.2条　履行困難の定義（Definition of hardship）

ここに履行困難 hardship の定義を規定している。「履行困難」とは，当事者が契約当初予期できないような後発的な出来事が発生したため，履行コストが増大したり履行価値が減少したため，契約の均衡が根本的に変化（fundamentally alter）してしまった場合，としている。

1994年版6.2.2条コメント2によれば50％以上の変化を「根本的」としている。50％ではやや甘いと思われるが，履行困難の明確な基準は事例の蓄積を待つより方法はないが，2004年版では，50％の基準は削除されている。

6.2.3条　履行困難の効果（Effects of hardship）

履行困難の当事者は相手方に再交渉を要請すると相手方は再交渉に応じなければならない。再交渉の結果協議が不成立の場合は，法廷（司法法廷又は仲裁廷）に訴えることができる。法廷が履行困難を認定

第2章　国際商事契約に適用される信義則

した場合は、法廷は契約の解消又は契約の均衡を回復するための契約改訂を命じることができる、と規定している。

7.4.8条

当事者は自己の蒙る損害を軽減する義務を規定している。そのために当事者は合理的な措置（reasonable steps）をとらなければならないとしている。軽減措置をとらないと、その限度において相手方は賠償の責任を負わないものとされている。

4）ユニドロワ契約原則における合理性 reasonableness の基準は、規定上は明らかではない。信義則と別個のものとして、例えば4.8条や5.1.2条では、規定されているが、信義則を基礎としているものと考えられる。ユニドロワ契約原則においては合理性 reasonableness の内容は、1.7条の good faith and fair dealing in international trade なのである。因みに1.7条コメント1に2.1.15条、7.4.8条など信義則を基礎とする条文の列挙がある。信義則は契約交渉の段階も含めて、契約全般にわたり、当事者の行動（behavior）に適用される一般原則とされている。

1.7条コメント1に列挙されている信義則の規定のうち、例えば、5.1.3条（当事者の協力義務）と7.4.8条（損害軽減義務）の規定をみると、reasonableness の基準により規定されているのである。

5）ユニドロワ契約原則が履行困難（Hardship）条項である6.2.2条と6.2.3条を規定することにより、国際商事契約に適用される事情変更の原則についての一つのルールを示したことは、有用であり、肯定的に評価できよう。ユニドロワ契約原則2.1.15条についても、契約成立上の信義則と契約自由の原則との調和をはかったものとして、同様の評価をすることができよう。

4　2000年ヨーロッパ契約法原則

1）2000年ヨーロッパ契約法原則において、信義則が一般原則として明

文をもって規定されている。

　Art.1：201 Good Faith and Fair Dealing 信義と公正行動

　　「各当事者は信義と公正行動に従って行為しなければならない」（1項）。ここでも must という強いことばが使われている。

　　「当事者はこの義務を除外したり制限することはできない」（2項）。

　　この信義則は EU 内共通のコミュニティースタンダードとして規定されているものであって，EU 域内のクロス・ボーダー取引に適用される（ヨーロッパ契約法原則 Art.1：101）。

　2）Art.1：201条「信義と公正行動」の原則はヨーロッパ契約法原則においても基本的な原則である。この信義則に基づいて，当事者の協力義務（Art.1：202条），信義に反する交渉（Art.2：301），黙示の条件（Art.6：102条），事情の変更（Art.6：111条）等が規定されている。これらの規定は，イギリスやアイルランドの common law 地域の当事者にいついても，域内クロスボーダー取引に適用が予定されていることは言うまでもない。

　3）ヨーロッパ契約法原則は EU 域内国内法の相違を超えて適用されるとされている（ヨーロッパ契約法原則 Introduction at xxi）。

　ヨーロッパ契約法原則はユニドロワ契約原則と同様法的強制力はなく契約法の一般原則という位置付けになっている（Art.1.101(1)-(4)参照）。

　しかし近い将来 EU 域内の統一契約法典として用いられることが想定されているものであるが，英国の反対にあって，法典化はすすんでいないようである。

　以上が国際商事契約に適用される信義則の概観である。

第3章　国際取引における信義誠実の原則
―― ウイーン売買条約（CISG）[1]を中心として

> 1　取引と信義則
> 2　ウイーン売買条約の成立と信義則
> 3　国際取引における信義の遵守（CISG 第 7 条(1)項）
> 4　条約の基礎にある一般原則（CISG 第 7 条(2)項）
> 5　ウイーン売買条約の信義則と判例
> 6　ウイーン売買条約と信義則の展望
> 7　結　び

　ウイーン売買条約は，その前文にあるとおり，国際物品売買契約を規律する統一法として，国際貿易における法的障害の除去に貢献し，もって国際貿易の発展を促進させること，を目指している。ウイーン売買条約はいわゆる万民法型の世界統一私法であると言われている。世界の法システムが，各国の国家法を前提として成り立っている中において，これはいわば画期的なものであると言ってよい[2]。ウイーン売買条約は，1980年 UNCITRAL のウイーン会議において採択され，1988年に発効して以来，年々

---

(1) この条約の正式の名称は "United Nations Convention on Contracts for the International Sale of Goods「国際物品売買契約に関する国連条約」(1980年 4 月10日ウイーンにて採択，1988年 1 月 1 日発効) である。ここでは「ウイーン売買条約」又は CISG 又は単に「条約」と呼ぶことにする。
　訳文は，曽根和明・山手正史著『国際売買法〔資料編〕』（青林書院，1993年）2 頁以下資料 1 国際物品売買契約に関する国連条約（ウイーン売買条約）による。
　又，能見義久「ウイーン売買条約（CISG）の試訳」NBL No.866（2007年10月 1 日号）13-24頁，も参照した。また，国会が承認した外務省訳も用いる。
　ウイーン売買条約の対象となる国際物品売買は企業間の取引である。消費者売買は適用除外とされている（条約第 2 条(a)号）。

第3章　国際取引における信義誠実の原則

締約国が増加しており，2009年2月末現在では73カ国に達している。このように，ウイーン売買条約は発効以来年々発展してその世界が広がっているのである。

わが国は，ウイーン売買条約の発効以来，長い間非締約国のままであったが，ウイーン売買条約への加入（accession）が真剣に検討されて2009年8月1日より日本も締約国になるのである。そこで，この章は国際取引における信義則について，ウイーン売買条約を中心として，検討してみたいと思う。ウイーン売買条約がわが国の国際取引の法となるにあたり，意味のないことではないと考える。

1　取引と信義則

取引には信義の原則又は信義誠実の原則（信義則）が適用される。日本では信義則は債権関係を支配する大原則であるとされており，信義則は一般原則として契約締結，履行，終了など全ての局面に適用がある[3]。イギリスでは一般原則としての信義則は認められておらず，契約締結前の交渉や準備段階においては，当事者の自由な責任において交渉や準備が行われて，交渉が決裂しても，契約準備が不首尾に終わっても，その結果については当事者に信義上の責任はないものとされている[4]。ドイツ，フランスなどEU諸国においても信義則が認められるが，国によって信義則の内容も適用範囲も異なるものである[5]。アメリカの信義則は，契約の履行と執行について，一般義務としての信義則が存在している[6]。その他の国々おいてもそれぞれ信義則は存在するが，それぞれの国においてその内容においても効力においても異なるものとなっている。

---

(2) 道田信一郎「発効した国際動産売買国連条約(6)」NBLNo.397では「国際私法の宿命と実際的機能」に続き「国連条約の画期的機能」を説いている。(55-56頁を参照)。
(3) 本書第7章参照。
(4) Butterworths Common Law Series The Law of Contract （Butterworths 1999）at 94；Cheshire, Fifoot & Furnston's, Laws of Contract, thirteenth ed.（Butterworths 1996）at 68-69

1　取引と信義則

　実際の取引についてみると，例えば，日本の会社とオーストラリアの会社とがオーストラリア産鉄鉱石の長期売買取引を行うものとする場合，この国際取引の契約準拠法（実質法）が日本法であれば，交渉や準備段階から，契約締結，履行，解除等全ての局面において，日本法上の信義則の適用があることになる。例えば，取引当事者間において鋭意交渉が行われて，レターオブインテントやメモランダムオブアンダースタンディングなどの予備的文書が作成されたが，成約にいたらず，当事者間で交渉決裂について紛争が発生した場合の紛争処理の予測にあたっては，裁判官（或いは仲裁人）の判定について日本法の信義則による裁量を考慮にいれなければならないことになる。しかし，この取引の準拠法がイギリス法であれば，契約交渉について信義則の適用はないので，当該紛争処理の予測も結果も異なってくるであろう。このように具体的取引に適用される準拠法（実質法）の信義則によって，紛争処理の予測もその結末も異なってくることが，実

（5）Reinhard Zimmerman and Simon Whittaker ed.,Good Faith in European Contract Law （Cambridge University Press 2000）; Ole Lando and Hugh Beale ed., Principles of European Contract Law Parts I and II, The Commission on European Contract Law （2000）, Notes to Article 1 : 201 Good Faith and Fair Dealing at 116-119.
　　ドイツ民法 BGB242条は「債務者は，取引の慣習を顧慮し信義誠実（Treu und Glauben）の要求に従って，給付をなす義務を負う」，又 BGB157条は「契約は，取引の慣習を顧慮し信義誠実の要求に従って，これを解釈することを要す」，と規定している。
　　フランス民法第1134条3項は「合意は誠実に（bonne foi）履行せらるべきものとす」と規定している。
　　ドイツ民法及びフランス民法ともに神戸大学外国法研究会編現代外国法典叢書による。
（6）UCC1-201（20），Restatement 2nd of Contract 205条を参照。
　　2003年改正前の定義によれば，UCC2-103(1)(b)により，商人間においては，信義（good faith）は，事実上の正直（honesty in fact）と業界における公正取引の合理的な商業基準の遵守（the observance of reasonable commercial standards of fair dealing in the trade）である。UCC改正法はそれぞれの該当する取引の規定において，「公正取引の合理的な商業基準の遵守」が規定されている。

第3章　国際取引における信義誠実の原則

際の国際取引において容易におこり得るのである。

　そこで，もしも国際取引に適用される普遍的な統一法があり，共通の信義則の内容と基準が適用されるのであれば，国際取引には相応しいということになる。このような普遍的，統一的な内容と基準であれば，紛争処理の予測可能性が高まることは言うまでもない[7]。万民法型統一私法と呼ばれるウイーン売買条約（CISG）とその判例法において，信義則はどのように規定されているのか，どのような内容と基準があるのか，そこには普遍性，統一性を見ることができるのかどうか，について検討してみたい。

　日本がウイーン売買条約の締約国になれば，日本に営業所のある当事者と他の締約国に営業所のある当事者との間で行われる国際物品売買契約には，当事者が条約の適用を排除しない限り，ウイーン売買条約が適用される。それは条約第１条(1)項(a)号による国際物品売買契約への条約の直接適用である[8]。

　ウイーン売買条約に基づいて物品売買を行う当事者間においても，国際

（7）国際取引において，準拠法として用いられることの多い英国法と統一私法について触れておくと，英国は必ずしも統一私法を志向していないように見える。今まで英国はCISGに加盟していないし，EU統一契約法としてのヨーロッパ契約法原則（PECL）に反対を表明している。英国は，契約法については統一性（uniformity）よりも多様性（diversity）のほうがよいと主張している。

　英国がPECLに反対する理由は，英国がcommon law traditionを守ること，特に，英国法による国際取引契約の紛争解決について，英国法の契約自由の原則（the principles of freedom of contract），確実性（certainty），一貫性（consistency）という特徴を生かすことができるようにしておきたい，というところにあるようである。

　ということは，英国のPECLに反対する理由の一つは，PECLが一般原則としての信義則を規定しているところにあるものと思われる。英国法には，一般原則としての信義則のないことにより，英国法による国際取引の紛争処理について，確実性と一貫性をもたらしている，と英国は考えているように思われる。

　英国政府の反対等について次を参照。Stefan Vogennauer and Stephen Weatherill, ed.,"The Harmonisation of European Contract Law"（Hart Publishing 2006）at 19-28。もっともここでの英国の反対は，PECLについてであって，CISGについてではない。

取引における信義の遵守が必要とされることになる。ここに信義則についてウイーン売買条約の条項と判例を検討しておく意義が認められる。

2 ウイーン売買条約（CISG）の成立と信義則

1）ウイーン売買条約第7条(1)項には，この条約の解釈にあたり，その国際的性質並びにその適用における統一性及国際取引における信義の遵守を促進する必要性，が考慮さるべきもの，と規定されている。条約7条(1)項の「国際取引における信義の遵守」について，ウイーン売買条約成立にかかわる立法過程を見ておきたい。

ウイーン売買条約の立法過程において，1978年 UNCITRAL 条約草案の第6条に，信義則が規定されている。即ち，1978年条約草案第6条には「この条約の規定の解釈と適用にあたっては，その国際的性格並びにその統一性及国際取引における信義の遵守を促進する必要性が顧慮されるべきものとする」と規定されていた(9)。

この1978年 UNCITRAL 条約草案第6条は，立法過程においては，一般原則として当事者は少なくとも契約成立について信義と公正取引を遵守しなければならないとする意見と，信義（good faith）と公正取引（fair

---

(8) 条約第1条(1)項(a)号は，条約の国際売買契約への直接適用を規定している。即ち，或る締約国に営業所のある当事者と他の締約国に営業所のある当事者との間で行われる物品売買契約については，締約国の国際私法を介さずに，条約が直接適用される。ただし，当事者は条約の適用を排除することができる（条約第6条）。

締約国と非締約国の間の取引であっても，国際私法の準則により締約国の法が準拠法となる場合には，条約が適用される（条約第1条(1)項(b)号）。ただし，この規定は加盟時に留保宣言することができる（条約95条）。

曽野裕夫「ウイーン売買条約（CISG）への加入に向けて」NBL No.872（2008年1月1日号）51-52頁を参照。

国会はウイーン売買条約の正式和訳を添えた英文を含む UNCITRAL 公用語の条約を承認することになろう。国会が承認する条約の正文は UNCITRAL 公用語であって訳文ではない。

(9) 曽野和明・山手正史『国際売買法〔資料編〕』（青林書院，1993年）63頁　資料2　1978年 UNCITRAL 条約草案

第3章 国際取引における信義誠実の原則

dealing）は意味が曖昧であるから，各国の裁判所（又は仲裁廷）によりそれぞれ異なった内容と基準が与えられることになり法的不安定を招く，として反対する意見とが対立したため，妥協案として提案されたものである[10]。

条約草案第6条では，信義の遵守を促進する必要性は，条約の解釈（interpretation）と適用（application）について，顧慮されるものとされていた。しかし最終的には，「条約の規定の解釈について」となり，「条約の規定の解釈と適用」とはならなかったものである。「適用」が最終条文のウイーン売買条約第7条(1)項に規定されなかったのは，条文の編集上の都合からであるとされている[11]。

1978年条約草案第6条に対するUNCITRAL事務局の公式コメンタリー（the Secretariat Commentary）によると，国際性と統一性について，次のように述べられている。

物品売買の法規範は国によって相当に異なっている。従い各国の裁判所が条約の規定を，自国の法システムの概念を用いてそれぞれ異なった解釈をすることになってしまうので，これを回避することが非常に重要となる。このために，条約草案6条（ウイーン売買条約第7条(1)項）によって，条約の解釈と適用に当たっては，条約の国際性と統一性の促進に，配慮することの重要性を規定しているものである，とする[12]。

さらに，事務局公式コメンタリーによると，条約の条文の解釈と適用は，

---

[10] 曽野和明・山手正史『国際売買法』（青林書院，1993年）72頁，ペーター・シュレヒトリーム著　内田貴・曽野裕夫訳『国際統一売買法』33頁，を参照。

John O. Honnold, Uniform Law for International Sales under the 1980 United Nations Convention, 3rd ed.（1999 Kluwer Law International）at 99

[11] Peter Schlechtriem, Commentary on the UN Convention on The International Sale of Goods（CISG）（Oxford Univ. Press 1998）at 63

[12] Text of Secretariat Commentary on Article 6 of the 1978 Draft COMMENTARY at http://www.cisg.law.pace.edu/cisg/text/secomm.secomm-07.html　International Character of Convention 1.

信義の遵守が促進するようになされなければならないが，信義の遵守の原則は，いくつかの条文中に規定されている。そして，そのようなものとして，いくつかの条文が例示的に挙げられている。草案条文ではなく相当する条約条文で示すと，ウイーン売買条約第16条(2)項(b)号，第21条(2)項，第29条(2)項，第37条，第38条，第39条，第40条，第49条(2)項，第64条(2)項，第82条，第85条から第88条，である[13]。

また，事務局公式コメンタリーによると，信義の原則（the principle of good faith）はこれらの例示的に挙げられた条文よりも広いものであり，信義の原則は，条約の条文の解釈及び適用の全ての側面に，適用があるものとされている[14]。

以上のとおり，ウイーン売買条約第7条1項は，実質的に1978年条約草案第6条であるが，事務局公式コメンタリーからすると，当時の事務局（the Secretariat）は，信義の遵守の原則は当事者の行動や契約の解釈にまで及ぶような，広義の信義則を考えていたように見受けられる。

2）次に，ウイーン売買条約第7条(2)項は，いわゆるgap filling（規定欠缺の補充）条項であると言われる。条約第7条(2)項は1978年条約草案第6条にはなかった条項である。これは，1964年ハーグ統一法（ULIS）第17条に由来するものである[15]。

ULIS第17条は「この法律よって規律される事項に関する問題点でこの法律に明示的に解決されないものについては，この法律の基礎となっている一般原則に従って，解決されなければならない」とされていたのである

---

[13] Ibid. Observation of good faith in international trade 2. 3
（参照した事務局コメンタリーの条文は1978年草案に対応する条約条文である。新堀聰『国際売買法　ウイーン売買条約と貿易契約』（同文舘出版，1992年）13-14頁も参照）

[14] Ibid. Observance of good faith in international trade 4

[15] 前掲・Honnold, J.O. at 102-103, 前掲・曽野・山手『国際売買法』76-77頁を参照。

が，ウイーン売買条約においてはこれに加えて，もし，この条約の基礎にある一般原則がない場合には，国際私法のルールにより適用される準拠法（国家法）により解決される，ことが規定されたものである。

この条約第7条(2)項の規定については，この条約の基礎にある一般原則とは何か，信義の原則又は信義則はこの条約の基礎にある一般原則であるのかどうか，一般原則にニドロワ国際商事契約原則（PICC）やヨーロッパ契約法原則（PECL）などの国際ルールが含まれるのかどうか，などの問題を検討しなければならない。

3　国際取引における信義の遵守（CISG第7条(1)項）

ウイーン売買条約第7条(1)項において，国際取引における信義の遵守を促進する必要性は，この条約の「解釈」について，考慮されるべきものとされる。ここにおいては「国際取引における信義」の内容とその基準はどのようなものであるかが問われる。

1）先ず，条約条文に「この条約の解釈について」とある通り，この条約の規定の解釈について，信義の原則が適用される。この条約の条項の解釈について，信義の遵守が促進されるように，考慮されなければならないのである。当事者の契約や契約に基づく当事者の行動に，信義則が適用される，ということではない。あくまで条約の解釈について，信義の原則が適用されるのである。CISGの立法段階で検討されていたような，広義の信義の原則は，ここにおいては考えられないのである。

しかし，条約第7条(1)項の信義の遵守は，条約第8条の解釈にも，条約第9条の解釈にも，適用されるから，条約第8条において契約当事者の陳述や行為にも及び，又条約第9条において当事者の合意している慣習や当事者間で確立させている慣行にも，及ぶことになる。ということは，条約第7条(1)項の信義の遵守は，条約第8条を介して当事者の契約や契約に基づく言動の解釈に及ぶし，条約第9条を経由して当事者の慣習についての

3 国際取引における信義の遵守（CISG 第7条(1)項）

合意や，慣行についての当事者間における確立の解釈にも及ぶのである。

条約第8条(3)項の「交渉経過等，関連する一切の状況が適切に考慮されるべきものする」ことについても，条約第7条(1)項の信義の原則をもって解釈しなければならないことになる。また，条約第9条の解釈にあたっては，第9条(1)項の合意や確立の解釈のほか，第9条(2)項の当事者間の別段の合意の有無について，条約第7条(1)項の信義の原則をもって，解釈することを要するのである(16)。当事者の合意や当事者間の確立が明らかであれば，条約第9条(1)項により，当事者の契約は当事者が合意している慣習や当事者間で確立させている慣行によることになる。その場合慣習は条約第9条(2)項の要件を満たしていなければならないことは言うまでもない。

このように，条約第7条(1)項の信義の遵守への考慮は，条約の「解釈」についてのみ必要とされるのであるが，実際上は条約第8条や条約第9条を経由して，当事者の契約や契約上の当事者の言動や行為にまで，及んでいるのである。

2) 条約第7条(1)項の遵守するべき信義は「国際取引における信義」である。各国の国内取引において見られる国内法の信義則はここでは考慮されない。国際性と統一性の要請から，国内法に存在する信義則によるのではなく，条約条文とその判例による，条約の自律的（autonomous）な信義則によるのである。

国際取引における信義の原則は，条約第9条により尊重されるべきとされる慣習や慣行の中にも見出すことができる。条約第7条(1)項の「国際取引における信義」（good faith in international trade）の国際取引（internation-

---

(16) 前掲・曽野・山手『国際売買法』74頁，84-85頁を参照。
  "Commentary on The UN Convention on the International Sale of Goods (CISG) Second (English) Editon", edited by Peter Schlechtriem and Ingeborg Schwenzer (Oxford Univ. Press 2005) at 100.
  以下このCommentaryを本書においてSchlechtriem and Schwenzer Commentary (2005) と呼ぶ。

al trade）は，国際取引業又は国際取引業界とも読むことができる。ここでは，むしろその方が正しい読み方であると言える。条約第9条(2)項の後段と合わせ読むと，そのことが明らかになる(17)。

当事者が知り又は当然知るべきであった慣習で，その関連する取引業界において広く知られ，取引をする者達に一般に遵守されているもの，の中に信義則があれば，又当事者間で確立させた慣行の中に信義則があれば，その信義則が適用されるのである。

それ故に，「国際取引における信義」は，当該取引業における当事者の慣習，慣行に信義則を見出すことができる場合にはそれによるが，当該取引業における当事者の慣習や慣行に信義則を見出すことができなければ，条約条文やその判例に，信義の内容と基準を見出さなければならないのである。

3）ウイーン売買条約は101カ条の条文から成るが，実質的な規定は適用範囲及び総則も含めて第1条から第88条までである。

この条約条文88カ条の中にいくつかの信義の原則を見出すことができる。前述のUNCITRAL事務局が示したところによる第16条(2)項(b)号，第21条(2)項，第29条(2)項，などである。以下このような条約の各条項における信義則について検討する。

---

(17) 普通に国際取引と訳されるinternational tradeのtradeには集合的に業又は業界という意味がある。条約9条の関連では，特にその2項において，「両当事者が知り又は当然知るべきであった慣習で，国際取引（international trade）において関連する特定の取引業界（particular trade concerned）において同じ種類の契約をする者に広く知られ，かつ，通常一般に遵守されているもの」（一部筆者訳）とある点に注目したいと思う。信義則は国際取引業又は業界において行われている慣習と深く関わりがあるのである。

実際に判例は契約解釈に国内外，業界の慣習を適用している。CLOUT Case 175, 240, 425, 447, 579など。

3 国際取引における信義の遵守（CISG 第 7 条(1)項）

第16条(2)項(b)号

第16条は申込の撤回の規定である。1項では原則として，被申込者が承諾の通知を発する前は，申込者は申込を撤回できる。しかし，2項において，一定の場合，申込者は申込を撤回できない。(b)号は，もし，申込を受けた者が申込を撤回不能であると了解したことが合理的であり，かつ，その申込に信頼を置いて行動してしまっている場合は，申込者は，申込を撤回できない，と定めている。被申込者が，申込を撤回不能と了解して，既に行動をおこしてしまっているのに，申込者が申込みを撤回するのは，信義に反するからである[18]。

第21条(2)項

21条は遅延した承諾の規定である。手紙の消印などで，承諾が通常ならば適切な時期に到達していたであろう状況で発送されていたことを示しているのに，申込者が承諾を発送した被申込者に，承諾が遅延したことを何も連絡しないのは信義に反するから，遅延した承諾は承諾として効力を有するという規定である。

第29条(2)項

29条(1)項は，契約当事者の合意のみで契約の変更又は解消をすることができると定めている。同条(2)項は，合意による契約の変更又は解消は書面によることを要する旨契約で定めているときは，契約の変更又は解消は書面によらなければできないと規定している。そこにただし書きがあって，「当事者は，自己の行動に対して相手方が信頼を置いた限度において，この定めを援用することができない場合があり得る」と規定している。このただし書が信義則の規定である。即ち，当事者は，自己の行動に対して相手方が信頼をおいているのに，相手方

---

[18] 甲斐道太郎・石田喜久夫・田中英司編『注釈国際統一売買法Ⅰウイーン売買条約（法律文化社，2000年）』125-126頁を参照。申込を受けた相手方が自己の入札価格にその申込を使用したところその申込が撤回された，という具体例を参照（田中康博教授が報告）。

第3章　国際取引における信義誠実の原則

の信頼を裏切るのは信義に反するから，書面によらなくても，契約の変更や解消を認める場合もある，という規定である[19]。

第37条

売主が，引渡すべき期日前に物品を引渡した場合，買主に不合理な不便又は不合理な出費をもたらさない限り，売主は期日までの間，数量不足やその他の不適合を治癒することができる，という規定である。この場合，売主はいかなる不適合の治癒をしてもよいが，信義の原則から，買主に不合理な不便や出費を強いることは許されない，という規定である。

第34条に，交付するべき時期より前に売主が書類を交付した場合について，信義の原則から，同趣旨の規定が置かれている。

第38条，第39条，第44条

売主の引渡した物品に対して，第38条の買主による物品検査義務と第39条の買主による不適合の性質を明確にした通知を合理的期間内になす義務，の規定である[20]。

第38条と第39条は，売主による不適合な物品の引渡しに対して，買主の受けることのできる救済の前提として，買主に課した義務の規定である。第39条は，買主が合理的期間内に不適合の通知を怠ったときは，買主は不適合に基づいて援用し得る権利（第45条以下）を失う，と定めている。

しかし，第44条により，買主が，定められた通知を行わなかったことについて，合理的な説明をすることができる場合は，第50条に基づく代金の減額請求，又は逸失利益を除く損害賠償請求，をすることが

---

[19] CLOUT Case 94. において，オーストリア仲裁廷は，禁反言（estoppel）はCISG には明示的に規定されていないが，CISG第7条(2)項を適用し且つCISG第16条(2)項 (b)と第29条(2)項を引用しながら，禁反言 "venire contra factum proprium" は条約の基礎にある一般原則であるとしている。

[20] 合理的期間内について多くの判例がある。CLOUT Case 45, 123, 202, 219, 230, 337, 397, 549, 608など。

3 国際取引における信義の遵守（CISG 第 7 条(1)項）

できると規定されている[21]。

第44条は，買主が不適合の通知を怠ると救済を受ける権利を失うという第39条の厳しさを緩和する，例外的救済の規定になっているのであるが，第39条とあわせ読むと，第39条の合理的な期間（a reasonable time）に信義の原則を見ることができる。即ち，第39条の合理的な期間の判定は，信義に則した公正なものであることを要し，第44条の合理的説明についての判定も，当事者の事情を斟酌した衡平なものであるべきなのである[22]。しかしながら，買主は不適合の通知を怠ったため，買主の救済としては，不適合が重大であっても契約を解除する権利はなく，救済は代金の減額請求などに，限定される。

買主が第38条の検査を怠った場合には，第44条の適用はない。第44条は不適合の通知を怠った場合の規定である。

第40条

悪意の売主の規定である。売主が物品の不適合の事実を承知しており，かつ，売主がその事実を買主に明らかにしなかった場合，売主は第38条及び第39条を援用することはできないものとする。物品の不適合が売主の承知している事実に関連しているのに，なお買主に検査義務と不適合の性質について通知義務を負わせるのは，信義に反するからである。公正取引の原則を定めた規定である[23]。

第49条(1)項(2)項

本条(1)項は，売主の重大な契約違反の場合，又は付加期間経過後の売主による引渡し遅延の場合，買主は契約解除の意思表示をすること

---

[21] 前掲・曽野・山手『国際売買法』149-150頁によると，第39条は買主が物品不適合の通知義務を怠った場合，買主は不適合に基づいて援用し得る権利を失うという厳しい規定となっているが，第44条により，例外的救済の規定を設定することにより，厳しさを薄める調整を図っているものであるとしている。しかし，買主にとり限定的な救済にとどまっている，とする。

[22] Schlechtriem and Schwenzer Commentary (2005) at 512–513

[23] CLOUT Case 168

ができる旨規定している[24]。

(2)項は，売主が既に物品を引渡している場合には，一定の時期に解除の意思表示をしない限り，買主は契約解除権を失う，と規定している。信義則から買主による解除権行使の期限又は時期を設定しているものである。売主が既に物品の引渡をしている場合，買主はいつまでも契約解除を引き延ばすことはできないのである。

一定の時期とは，(a)売主による引渡しの遅延については，買主が引渡しのなされたことを知ったとき以後の合理的期間内，(b)引渡の遅延以外の違反については，(i)買主がその違反を知り又は知るべきであった時，(ii)第47条(1)項に基づき買主が定めた付加期間が経過した時，又は売主がその付加期間内に義務を履行しない旨意思表示した時，(iii)第48条(2)項に基づき売主が示した付加期間が経過した時，又は買主が履行を受容れない旨意思表示した時，である。

第64条(1)項(2)項

本条(1)項は，買主の重大な契約違反の場合，又は付加期間経過後の買主の代金支払義務若しくは物品の引渡受領義務違反の場合，売主は契約解除の意思表示をすることができる旨規定している。

(2)項は，買主が代金を既に支払っている場合には，一定の時期に解除の意思表示をしない限り，売主は契約解除権を失う，と規定している。

第49条の買主の場合と同様に，信義則から売主による解除権行使の期限又は時期を設定しているものである。買主が既に代金を支払っている場合，売主はいつまでも契約解除を引き延ばすことはできないのである。

一定の時期とは，(a)買主による履行の遅延の場合には，売主が履行のあったことを知る前，(b)履行の遅延以外の買主による違反の場合に

---

[24] CLOUT Case 277, 133 等

3 国際取引における信義の遵守（CISG 第 7 条(1)項）

は，次のいずれかの時から以後の合理的な期間内(i)売主がその違反を知り，又は知るべきであった時(ii)売主が第63条(1)項に基づいて定めた付加期間が経過した時又は買主がその付加期間内に義務の履行をしない旨意思表示をした時，である。

第77条

相手方の契約違反の場合に課せられる損害軽減義務である。相手方の契約違反を主張しようとする当事者は，違反から生じる損失を軽減するためその状況下で合理的な措置をとらなければならないとする。信義則から由来する義務である[25]。

第80条

当事者は，相手方の不履行が自己の作為又は不作為によって生じた場合には，相手方の不履行をその限りにおいて主張することができないものとする。この条項は禁反言の原則も含めて，第 7 条(1)項の信義の一般原則を表現する規定である[26]。

第82条

物品の返還不能の場合の，買主の解除権の喪失及び代替品引渡請求権の喪失，の規定である。

しかし，物品の返還不能が，買主自らの作為又は不作為によって生じたものでないとき，その他返還不能の原因が買主の責任ではないときは，前項の適用はない，という信義則による規定である。

第85条から88条まで

物品保存義務とその関連の規定である。第85条は買主の受領遅滞の場合に売主が物品の保存措置をとる義務を，第86条は買主が物品を拒絶後にその保存措置をとる義務を，規定している。第87条は，その場合，倉庫料が不合理でなければ，倉庫への寄託ができるものとしてい

---

[25] CLOUT Case 93, 133, 219, 230, 273, 318, 480 など
[26] Schlechtriem and Schwenzer Commentary（2005）at 838. 判例は CLOUT Case 230, 273 など

第3章　国際取引における信義誠実の原則

る。第88条は，必要な場合の保存物品の売却を，規定している。

これらの規定は，売主と買主双方がそれぞれ相手方に対して負担する信義則から由来する義務である。

以上が条約条文に見られる信義則の内容である。

4）次に，条約第7条(1)項の「国際取引における信義」の基準は，合理性（reasonableness）にあるものと言える。ウイーン売買条約による当事者間の取引においては，信義と合理性は互いに相関連しているものと考えられる。即ち，売主・買主はそれぞれ相手方に対して，信義に則した行動をすれば合理的（reasonable）であり，信義に則した行動をしなければ，不合理（unreasonable）なのである。反対に，合理的であれば信義にかなっており，不合理であれば信義に悖るのである(27)。

合理性（reasonableness）はウイーン売買条約の重要な規定のいたるところに基準として用いられている。

---

(27) 前掲・Honnold, J.O. 101頁を参照。Honnold 教授は，「国際取引における信義」は reasonableness の基準に照らして解釈されるべきであるという Schlechtriem 教授の見解を引用しながら，standard of reasonableness は，ウイーン売買条約の中に広く行きわたっている（pervasive）ので，条約第7条(2)項の「条約の基礎にある一般原則」であるとしている。

"reasonable" を「合理的」という日本語に訳すのは，他に適当な訳語がないのでやむをえないと思われるが，逆に「合理的」という日本語を英語にすれば，reasonable よりも "rational" であろう。英語で rational と reasonable は同義語であるが，reasonable の方がより意味合いがある。CISG の reasonable は，売買取引において相手方に対して reasonable であることを要するものであるから，それは道理にかなった，条理にかなった，という意味であり，それを信義の原則をもって解釈すれば，その意味をよく理解することができるのである。

具体的事例では例えば，CLOUT Case 720 におけるオランダ仲裁廷は，当事者間の物品の quality の争いについて，CISG 第35条(2)項(a)の品質は，reasonable quality の基準で解釈されるべきであり，その基準は，CISG 第7条(1)項の規定（信義の遵守を促進する必要性）に合致している，と判定している。

例えば，第8条(2)項，第25条の「合理的な者」(a reasonable person)，第18条(2)項，第33条，第39条，第43条，第46条(3)項，第48条(2)項，第49条(2)項(a)(b)，第64条(2)項(b)，第65条(1)項，第73条(2)項，第75条，第79条(4)項の「合理的な期間内」(within a reasonable time)，第37条，第86条(2)項の「不合理な不便又は不合理な出費」(unreasonable inconvenience or unreasonable expense)，第38条(3)項の「合理的な機会」(a reasonable opportunity)，第44条の「合理的説明」(reasonable excuse)，第47条，63条の「合理的な長さ」(reasonable length)，第48条の「不合理な遅滞，不合理な不便」(unreasonable delay, unreasonable inconvenience)，第60条，第79条(1)項の「合理的に期待されえる」(reasonably be expected)，第72条，第88条(1)項の「合理的な通知」(reasonable notice)，第75条の「合理的な方法」(a reasonable manner)，第76条(2)項の「合理的な代置」(a reasonable substitute)，第77条，第88条(2)項の「合理的な措置」(such measures as are reasonable)，第85条，第86条の「合理的な保存措置」(such steps as are reasonable to preserve)「合理的費用」(reasonable expense)，などの規定である。

　これらの規定の具体的な合理性の解釈にあたっては，条約第7条(1)項の信義の遵守を促進する必要性を考慮して解釈されなければならないが，国際取引における具体的な状況に応じて「合理性」の解釈は異なってくるのは当然である。国際取引の具体的な状況に応じた「合理性」の解釈を通じて，国際取引における信義が実現されて行くものと考えられる。

　5）条約の解釈の方法（method of interpretation）は，主として条約条文の文理解釈（literal interpretation），条約条文における類推解釈（interpretation by analogy），による。ウイーン売買条約の外国判例（仲裁判断を含む）も参照する。判例はCLOUT，UNILEX，CISG-online，Pace大学などに蓄積されたデータベースを参照する。ウイーン売買条約の立法過程の立法記録（Travaux Préparatories）も参照する。内外の有力な学説も参照する[28]。

　このような解釈の方法を用いて，可能な限り条約の中で，自律的（autonomous）な解決をはかるように，努めることが必要となる。条約の統一的解釈の必要性から，国内法の信義則を用いないようにしなければならないのである(29)。

UNCITRAL の公用語は英語を含む6カ国語であるが，1978年条約草案が英文で作成されているように，世界共通語としての英語が最も重要である(30)。

4　条約の基礎にある一般原則（CISG 第7条(2)項）

ウイーン売買条約の規定を具体的事案に適用するにあたり，いわゆる gap filling（規定欠歓の補充）の問題が発生する。条約第7条(2)項においては，この条約が規律する問題であって，この条約に解決方法が明示されているものはこの条約の規定によるが，この条約に解決方法が明示されてい

---

(28) 条約の統一的解釈の方法について，CLOUT Case 549 における下記のスペイン法廷の見解を参照。参考になる。

スペイン法廷は，CISG 第7条(1)項，(2)項に関連した条約の統一的解釈について，(1)国際取引法における最近の傾向を反映した他の条約に見られる統一的解釈の必要性に関する原則，に注目すること，(2)1978年 UNCITRAL 条約草案に対する UNCITRAL 事務局のコメンタリー，特に草案第6条のコメント，を参照すること，(3)国内法に対して条約として独立の解釈を行うための法原則の重要性，に言及している，そして，(4) CISG の適用について統一性を確保できる唯一の方法は，他国の法廷の CISG を適用した判例を参照すること，及び統一性達成についての専門家の学説を参照すること，に言及している。スペイン法廷は特に CLOUT システムに言及している。

一般に参照するべき外国判例のデータ・ベースについては，Schlechtriem and Schwenzer Commentary（2005）at 98 を参照。

立法記録について，曾野・山手『国際売買法』巻末の「本書で引用の立法記録について」10-11頁を参照。

(29) CLOUT Case 378, 380, 397 を参照。Case 595 におけるドイツ法廷は，CISG 第7条(1)項から，確立された国内法の信義則（禁反言を含む）を考慮する，とするが，確立されたものとはいえ，国内法の信義則は条約の自律性からみて問題であろう。

(30) Schlechtriem and Schwenzer Commentary（2005）at 101. 前掲・曾野・山手『国際売買法』69-70頁を参照。

4 条約の基礎にある一般原則（CISG 第7条(2)項）

ないものは，この条約の基礎にある一般原則に従い解決するものとされている。このような一般原則がない場合にはじめて，国際私法の準則に従い決定される国家法である国内法に従って解決されるものとされている[31]。

1）条約の基礎にある一般原則として，先ず合理性（reasonableness）があげられる。前述の通り，合理性の基準はウイーン売買条約の中で広く普く基準として用いられているので，この条約の基礎にある一般原則であると言える[32]。

2）前述の通り，条約の多くの規定が，信義則を規定している，或いは，信義の原則を基礎にする規定となっている。このことから言って，信義の原則は，条約の基礎にある一般原則である，と言うことができよう。判例もそのような考え方である[33]。

有力な学説もこれを支持している。Peter Schlechtriem 教授によれば，信義の原則は，統一法を解釈し適用するにあたり考慮されなければならない一般原則である，としている。また一般原則として当事者自治の優先性などのほか，条約の基礎にある一般原則は，信義を遵守する必要性から由来している，とする。権利濫用の禁止，禁反言，条約80条などがそれである，とする[34]。

Michael Joachim Bonell 教授は，条約7条(1)項の規定にかかわらず，信

---

[31] CISG に規定がないとして，国内法により判定した事例はかなりある。例えば，CLOUT Case 133（銀行保証とその支払），Case 168（契約条項の有効性），Case 253（証明責任），Case 261（立証責任），Case 312（代金返還），Case 360（相殺），Case 378（立証責任），Case 482（出訴期限），Case 574（契約上の検査権の放棄），Case 608（立証責任），Case 636（不適合を決定する手続），Case 701（瑕疵の証明）など。しかし，CLOUT Case 651において，イタリア法廷は，実質法統一法（即ち CISG）が国際私法のアプローチに優先する，としていることに注目したい。
[32] 前掲注（27）。Honnold 教授の見解を参照。
[33] 判例も信義則を条約の基礎にある一般原則であるという考え方である。CLOUT Case 94, Case 547 など。

第3章　国際取引における信義誠実の原則

義の原則は，条約の解釈のみにとどまらない，条約条文中16条(2)(b)項，19条(2)項，35条と44条，38条など信義の原則を適用した多くの条文があるから，信義の原則は条約の基礎にある一般原則である，としている。そうであればこそ，さらに進んで，それは当事者に積極的な信義上の義務を課しているものである，とする。即ちもし，契約交渉の過程又は履行中に条約では解決できない問題が出てきたなら，条約第7条(2)項に従い，一般原則である信義の原則を適用して問題を解決すればよい，としている[35]。この点，Bonell 教授は積極的であるが，一般原則としての信義則を否定的に考える学説もある点に注意しなければならない[36]。

曽野和明教授によれば，条約の基礎にある一般原則として「表示への信頼の保護の要求（16条2項b号，29条2項等），重要な局面での通知，応答ないし情報開示の要求（19条2項，21条2項，39条1項，48条2項，65条2項，68条等参照），当事者相互の協力義務および損害軽減義務（54条，60条a号，77条，85条，86条等参照）」が挙げられており，これらは「禁反言的なものも含めていずれも信義則を反映したものとも認めうる」とされている[37]。

3）条約の基礎にある一般原則に，ユニドロワ国際商事契約原則（PICC）やヨーロッパ契約法原則（PECL）などの国際ルールが含まれるかどうかの点については，ある一定の条件のもとに肯定するべきであろう。

---

(34) Peter Schlechtriem "Uniform Sales Law—The UN—Convention on Contracts for the International Sale of Goods"（Manz 1986) at 38；前掲注（11）. Peter Sclechtriem, Commentary on the UN Convention（1998) at 67

(35) Bonell, in Bianca-Bonell "Commentary on the International Sales Law", Giuffre: Milan（1987) at 85

(36) 信義則の基準が曖昧であり法的安定性を欠くという議論は，1978年条約草案に信義の原則が規定されときにもなされていることは，前述の通りである。前掲注（10）参照。

(37) 前掲・曽野・山手『国際売買法』78頁

即ち,条約にかかわる事項についてであって,条約を解釈乃至補充するためであれば,PICC や PECL などは用いられるべきであり,実際に用いられているのである。実際に用いられている例として,例えば,条約78条は,利息の支払いを受ける権利を定めているが,利息について具体的な基準を定めていない。そのため PICC 第7.4.9条がしばしば用いられている(38)。このような例は,条約が規定する問題について PICC を用いる場合であるが,PICC は条約の規定を解釈又は補充するために,用いられているのである(39)。しかし,今や PICC が条約 7 条(2)項の一般原則であるという判例(仲裁判断)もある。条約の一般原則は PICC に体現されているとされている(40)。

5 ウイーン売買条約の信義則と判例

ウイーン売買条約の信義則を扱ったいくつかの判例 (care law) をみて行きたい。もとより網羅的ではないが,代表的なものと思われる判例を検討して,ウイーン売買条約における信義則の特徴となる内容を把握するように努めたい(41)。

(1) 合理的期間内の不適合通知について

CISG 第39条(1)項における買主の不適合の通知についていつかの判例が

---

(38) CLOUT Case 93, Case 499, ICC 仲裁 No.8128, No.8769, などを参照。

(39) Franco Ferrari, "Interpretation and gap-filling: Article 7", in Franco Ferarri, Harry Flechtner, Ronald A.Brand (Ed.), "The Draft UNCITRAL Digest and Beyond: Cases Analysis and Unresolved Issues in the U.N. Sales Convention" (Sellier, European Law Publishers/Sweet & Maxwell 2004) at 138, 169–170.

(40) ICC 仲裁 No. 8817 Collection of ICC Arbitration Awards 1996–2000 Vol.IV at 415, 418 (2003 Kluwer Law International); ICC 仲裁 No.8128 00, 00, 1995 UNILEX

(41) 参照した判例は主として次の2つのデータベースによる。判例は2007年末までに参照したもの (ABSTRACTS/69 まで) である。
http://www.uncitral.org/uncitral/en/case.law.html
http://www.unilex.info/

第3章　国際取引における信義誠実の原則

ある。

CLOUT Case 123 において，ドイツ最高裁は，外国産 mussel 貝の引渡後1カ月はカドミュウム含有量の通知について，合理的期間内であるという判定である。

CLOUT Case 202 において，フランス控訴院は，物品の引渡後翌月は合理的期間内であるという判定である。

CLOUT Case 608 において，イタリア法廷は，陶器の引渡後6カ月は合理的期間内ではないという判定である。

CLOUT Case 397 において，スペイン法廷は，北米製飲料水冷却用機器の引渡の後1997年秋から1998年5月は合理的期間内とは言えないと判定した。また，一般に合理的期間の非合理性（unreasonableness）は極端（extreme）に長いことであるとしている。

（2）不適合通知と信義則

買主からの不適合の通知をうけた売主の合理的期間内ではなかったという主張に関連して，信義の原則から，判定している多くの判例がある。

CLOUT Case 94 において，オーストリア売主・ドイツ買主とする鋼材の売買における物品の瑕疵についての買主の損害賠償請求に対して，売主は買主の不適合の通知が適時ではなかったと抗弁した。

オーストリア仲裁廷は，売主は禁反言の原則から，その抗弁を主張できない，何故なら，売主はその抗弁をしないであろうと買主が信じるような行動をとっていたからである。即ち，不適合の通知をうけてから，売主は，買主に問い合わせを続けており，和解に達するべく買主と交渉を続けていたからである，と判定した[42]。

CLOUT Case 219 において，スイス法廷は，イタリア売主・スイス買主間の一見して明らかな瑕疵のあるブルドーザーの売買について，買主が

---

[42] CLOUT Case94. におけるオーストリア仲裁廷の判定については，前掲注（19）を参照。

契約時に検査をしている事実と信義の原則から，後になって不適合のクレームをするのは正当でない，としている。加えて買主は不適合の通知をしていない，と判定している。

CLOUT Case 230 において，ドイツ最高裁は，ドイツ売主・オーストリア買主間の耐久商品（表面防護フィルム）の売買について，売主・買主間で不適合について協議，交渉をおこなっていることにより，売主は不適合の通知を受ける権利を放棄していているわけではないが，事件の諸事情を考慮して判断すると，売主は後になって条約第38条と第39条に依存することは許されない，と判定している。

CLOUT Case 337 において，アイスクリーム店用内装家具の売買について，買主が商品を受領し，代金支払いのための手形を交付したとき，部品の不足と品質不良について，何も指摘しなかったが，その後になって不足と不良を主張した。

ドイツ法廷は，商品の不足と不良は受領時に買主が検査して（条約第38条）通知（条約第39条）しておくべきであったのであり，その後になっては，信義の原則から，もはや主張は許されない，と判定した。

（3）CISG 第40条と公正取引

CLOUT Case 168 において，イタリア売主・ドイツ買主とする中古車の業者間の取引について，実際の走行距離を承知している売主が走行距離について odometer を偽装して買主に売渡したところ，買主の損害賠償請求に対して，売主が条約第35条(3)項の抗弁を援用したものである。売主の抗弁は，契約時に買主は中古車の不適合を「知り又は知らないことはあり得なかった」（35条(3)項）というものであるが，ドイツ控訴審法廷は，たとえ買主が契約時に車の不適合を探知し得たとしても，売主は実際の走行距離を承知しており詐欺的であるから，条約第40条と第7条(1)項に体現されている一般原則により，条約第35条(3)項を援用できない，と判定した。ここで言う一般原則とは信義の原則のことである。

第3章 国際取引における信義誠実の原則

ドイツ控訴審法廷は，詐欺的売主よりも，契約時に車の検査を怠った過失ある買主のほうが，保護に価する，として公正取引の原則を表明しているものである。

（4）当事者の協力義務と信義則

CLOUT Case 445 において，ドイツ売主・スペイン買主とする中古機械の取引について，売主の標準取引条件の引用の要件に関する争いである。売主の sales confirmation には標準取引条件が引用されていたが，標準取引条件の添付はなかった。標準取引条件の中に中古機械についての免責条項の記載があったものである。

ドイツ最高裁は，標準条件が申込の一部を構成するかどうかは，CISG 第14条，第18条と 8 条により決定される，標準条件が申込の一部を構成するならば，申込を受領した者に標準条件を検討する合理的機会が与えられなければならないとし，本件のような標準条件の引用は，条約第 7 条(1)項に体現されている国際取引の信義並びに当事者間の協力義務に反すると，判定した。

当事者の相手方に対する協力義務は，相手方に対して，標準条項を点検することを求め，相手方が点検しない場合は，相手方に点検しないことの責任を負わせる，ものである。したがって，標準条項は，申込に添付されているか，又は申込を受けた者の処分下におかれる場合にのみ，申込の一部を構成するのである，と判定された。

（5）契約解除の意思表示と信義則

CLOUT Case 133 において，イタリア商社を買主ドイツ会社を売主とする，11台の自動車の売買について，売主は契約後 8 月には 5 台，10月には残りの 6 台の引渡しの準備を完了したところ，買主は，ドイツ・イタリア間の通貨の交換レートが急激に変動したので，当該自動車の引取りは不可能となったとして引取りをせず，争いとなった。

5 ウイーン売買条約の信義則と判例

ドイツ控訴審法廷は，本件当事者間で車の正確な引渡日について合意していないので，売主が引渡しの準備を完了していた事実から，売主の不履行はない，よって，引渡しをしないことを理由とする買主の契約解除権は失われている，2年半を経過した現在の時点で，解除の意思表示を許せば，CISG 第7条(1)項の信義の原則に反することになる，と判定した。

CLOUT Case 277 において，ドイツ売主・イギリス買主間の CIF Rotterdam 条件の鉄モリブデンの取引について，売主は引渡期日に引渡しを履行しなかった。付加期間経過後，買主は第三者から買い付け，買付価格と契約価格との差額を売主に請求した。

ドイツ法廷は，CIF Rotterdam の意味は或る確定日 (a fixed date) に引渡しを要する契約である，売主が引渡義務の履行を拒否している場合，買主による明示の解除の意思表示は不要である，それでもなお解除の意思表示を必要とするのは，CISG 第7条(1)項の信義の原則に反する，と判定した。

(6) 売主による不適合の治癒

CISG 第48条は，売主による不適合の治癒を規定している。第49条の買主の契約解除との関係が問題となる。

CLOUT Case 339 において，ドイツ買主と売主との間のスカートとシャツ用織物の売買について，買主は売主が引き渡した商品はサイズと品質が不適合であるとして引取りを拒否し，問題のない商品の再引渡しを求めたので，売主は別の織物のサンプルを買主に送付し，当初引き渡した織物について買主が直面した問題点の情報提供を求めたところ，買主は受領を拒否し，何ら説明もなかったので，売主は契約価格の支払いを請求し，訴訟となった。

ドイツ法廷の判定は，CISG 第49条(2)項(b)(ii)号と(iii)号は，売主に契約の履行を完了する機会を与えた後はじめて，買主は契約を解除できる，という意味である，買主は，問題のない商品の性質を特定せず，サンプルが送付された別の織物の受領を拒否したことにより，CISG 第48条の売主によ

47

る不適合を治癒する権利の行使を妨げたものであるから，本件において買主は契約解除権を失っている，としている。

本件においてドイツ法廷は明示していないが，判定の趣旨から見て本件も CISG 第7条(1)項の信義則に基づいて判定していることは明らかである[43]。

（7）損害軽減義務と信義則

CISG 第77条の損害軽減義務について，いくつもの判例がある。

前記の CLOUT Case 133 において，車の売買の売主は買主から代金支払について銀行保証を取得していたが，買主が車の引取りをせず引渡しの延期を求めたので，売主はその供給先への注文をキャンセルして，銀行保証を実行して支払いを受けた。

買主の保証の支払い返還請求について，ドイツ控訴審は，被告（売主）は CISG 第77条の損失を軽減するための適切な手段を取っていないと判定した。即ち，当該車の引渡準備完了の通知をしたことにより，被告は契約上の義務を履行しているのに対して，原告（買主）は当該車の引取りをしないことにより契約違反である。従い被告は CISG 第61条(1)項(b)号並びに第74条の救済を受ける権利があったが，被告は契約解除の意思表示をしていないので，自己の損失を軽減する義務を無視しており，損害賠償を請求することができない。よって銀行保証の支払いを受ける権利はない，と判定した。

ドイツ控訴審の判定は，CISG 第77条のとおり，売主は買主の契約違反から生じる損失の軽減をするために，その状況下でなしうる合理的な措置をとらなければならなかった，というものである[44]。

---

[43] CISG 第48条の同趣旨の判例として，UNILEX 2001.12.13 Italy Tribunale di Busto Arsizio 判決を参照。イタリア法廷は，売主による治癒の結果を待たずに買主が契約を解除するのは，国際法（under international law）の信義の原則に反する，としている。

[44] CISG 第77条の判例は，CLOUT Case 93, Case 133, Case 318, Case 480, Case 631 などを参照。

5 ウイーン売買条約の信義則と判例

(8) 権利濫用と信義則

CLOUT Case 154 は，信義則から，権利濫用は許されないと，判定された事例である。

フランス売主とアメリカ買主との間の一定数量のジーンズの分割引渡しの売買について，契約では買主の売先は南アメリカとアフリカとされており，売主が買主に繰り返し売り先について証明を求めていたところ，第二回分割引渡し時にいたり，買主は引渡しを受けた商品をスペインに出荷していたことが判明した。そこで，売主が以後の引渡しを拒否したので，本件争いとなった。

フランス控訴院は，CISG 第8条1項を適用し，買主は目的地について承知しており，売主の意向を尊重するべきであったとして，買主の重大な契約違反を認定した。

さらにフランス控訴院は，アメリカ買主の行為は CISG 第7条(1)項に規定されている国際取引における信義の原則に反するものであり，しかも，原告として売主に対して訴えを提起するのはその立場を更に悪くしており，それは公訴権の乱用（abuse of process）であるとして，買主に損害賠償 10,000 フランの支払いを命じた。

(9) 禁反言と信義則

CISG 第80条は条約の信義則に基づく禁反言の一般規定である。前述の CLOUT Case 94 は，条約の信義則に基づく禁反言を適用した事例である。次の CLOUT Case 579 は，条約第7条(1)項に従い，原則として，国内法の禁反言の適用を否定した事例である。しかしこの事例は，結論として国内法を適用しているものである。

CLOUT Case 579 は，カナダ会社を，新薬用の化学成分（clathrate）の売主（被告），アメリカ会社を，当該化学成分を使用して新薬（血液反凝固剤）を開発している買主（原告），とする化学成分の売買契約の成立をめぐる紛争である。

第3章　国際取引における信義誠実の原則

　事実の概要は次の通りである。売主は，成分のサンプルを提供し，clathrate の供給者として，買主による新薬の FDA 認可取得のために協力する旨を買主に確認し，clathrate の買主に対する供給者である旨を確認する手紙（reference letter）を FDA に提出した。他方で，売主は内密に第三者と商業数量の clathrate の排他的売買契約を締結した。買主は新薬の認可を取得して売主に商業数量の clathrate を注文したが，売主は拒否したという，ものである。

　アメリカ法廷（連邦地裁 S.D.N.Y.）は，売主・買主間の clathrate 供給の確認と reference letter をめぐる契約の成立と解釈について，CISG は業界における慣習と慣行を強力に実施するものであるとし，本件について契約の成立を認めた。そして，原告の主張するアメリカ法の promissory estoppel（約束的禁反言）が，もし CISG 第16条(2)項(b)号と同等（similar）ならば，CISG よりもアメリカ法を適用することは，CISG 第7条(1)項の条約の統一性（uniformity）と確実性（certainty）の目標を害するものであるとして，アメリカ法の適用は排除される，しかし，原告の主張するアメリカ法の promissory estoppel は CISG16条(2)項(b)号と要件が異なる（アメリカ法は，債権者の reliance と債務者の foreseeability を要する）ものであるから，アメリカ法の適用は排除されない，とアメリカ法廷は判定し，アメリカ法を適用した[45]。

　アメリカ法廷は，CISG 第7条(1)項，第9条を適用し，原告の主張を容認して契約の成立を認めたものであるが結論として，アメリカ法によっても契約の成立を認めるものとなっている。

　CLOUT Case 313 は当事者間で確立させている取引慣行から禁反言の信義則を認定して判定しているケースである。フランス Grenoble 控訴院

---

[45] GENEVA PHARMACEUTICALS TECHNOLOGY CORP., Cas successor in interest to INVAMED, INC. V. BARR LABATORIES, INC. et al., U.S.District court S.D.N.Y. 201 F. Supp 2d 236; 2002 U.S.Dist. LEXIS 8411

は，フランス買主とスペイン売主との間の靴の取引について，長年の間いつも買主の注文を売主は受注したことを確認することなく，製造して引渡してきたが，今回の注文を正当の事由なく拒否することはできない，としている。更にまた，買主から注文のないときは，売主の方から買主に問合せをするべきである，としている。このような取引関係の中で，売主が買主の注文を拒否するのはCISG第25条の重大な契約違反であると判定している。

(10) その他の点における信義則

その他の点について，CISGの信義則が俎上に上った判例は次のとおりである。

CLOUT Case 333において，スイス法廷は，買主の組織変更後，誰が買主であるのか明らかでない場合，CISG第7条により信義の原則と全ての関連する状況を考慮して解釈する，と判定した。

CLOUT Case 605において，オーストリア法廷は，任意代理の代理人の行為について，CISG第7条(1)項の信義の原則をもって，解釈した。

CLOUT Case 645において，買主の履行不能ではない履行困難のケースについて，買主は信義則から免責を主張したが，イタリア法廷は，CISG第7条(1)項に照らし，買主を取り巻く状況は，買主の契約違反を免責しないと，判定した。加えて，CISG第7条(2)項により，イタリア法によっても，同様の結論になると，判定した。

以上のとおり条約の全域にわたって，信義則が適用されていることが分かるのである。条約第7条(1)項の明文の規定にかかわらず，条約の解釈についても，その適用についても，信義の原則が用いられているのである。

6　ウイーン売買条約と信義則の展望

判例によれば，CISG第7条の信義の原則は国際取引の当事者の契約関

第3章 国際取引における信義誠実の原則

係を規律する基本原則の1つであるとされ，その基準は国内法の概念により決定されるのではなく，国際取引において共通（common in international trade）の信義の基準により，決定されるべきものとされる[46]。

現在の世界の法システムにおいて，CISGの具体的な判定（仲裁判断も含む）は，各国の法廷（又は仲裁廷）により行われる。それ故，各国の法廷（又は仲裁廷）が，国際取引において共通の信義の基準を，どのように，どこに，見出すことができるか，が課題となる。

CISG第7条(1)項の条約解釈並びにその適用の統一性については，主として，他国における法廷（又は仲裁廷）の判例を参照することが，統一性を達成する唯一の方法であると考えられる[47]。

実際に，スペイン法廷，イタリア法廷やアメリカ法廷などにおいて，CISGを適用する判定にあたって，CISGにより判定した外国判例を参照した事例がいくつか報告されている。その場合，CLOUT，UNILEXなどを参照していることが報告されている[48]。

しかし，CISGにより判定した外国判例を参照するとしても，それを参照する各国法廷はその外国判例に拘束されるわけではない。CISGの外国判例について，各国法廷から上訴を受けることができる世界法廷は存在しないから，外国判例に先例拘束性はない。あくまで各国法廷が参考として参照するだけである。これは外国判例の説得力（persuasive value）と言われるものである。

---

[46] UNILEX 30.11.1998 Mexico M/115/97 COMPROMEX para la proteccion del Comercio Exterior de Mexico

[47] Schlechtriem and Schwenzer Commentary (2005) at 97-98 を参照。
前掲注28．スペイン法廷の見解のうち，CISGの統一的解釈と適用を確保する唯一の方法は，外国判例を参照することである，そのためCLOUT Systemを利用する，としている点に注目したい。

[48] Franco Ferrari, ed, "QUO VADIS CISG" Celebrating 25th anniversary of the United Nations Convention on Contracts for the International Sale of Goods", European Law Publishers (2005)

6 ウイーン売買条約と信義則の展望

　各国の法廷から見て，このシステムについて問題であり，このシステムに限界があると言えることは，外国判例を正確に知ることが実際上困難である，ということである。

　このために UNCITRAL は1988年の決定により，外国の法廷（又は仲裁廷）が参照することができるように，CLOUT（Case Law on UNCITRAL Texts）の制度が導入している。CISG を含む UNCITRAL 関連法の各国法廷による解釈と適用の判定（仲裁判断も含む）の公用語による Abstracts が集積され，公開されている。また UNCITRAL には各国法廷（又は仲裁廷）の判定が，各国の National Correspondent から原文のまま収集されて公開されている。CLOUT のほかに UNILEX や Pace 大学，その他のデータベースにも情報が集積されている。CISG-online という CISG に関する各国判例のデータベースも形成されている[49]。

　わが国法廷（又は仲裁廷）は，これら外国判例を参照して CISG の統一的解釈と適用を心がけることになる。その場合条約正文であり世界共通語である英文のものを用いることができるから，このようなシステムの下でも外国判例の参照にそれほど，困難はないものと思われる。

　この場合 CISG の統一性と自律性の要請の故に，日本国内法の基準を参照しないように，心がけねばならない。CISG の範囲外の事項について，CISG 第7条(2)項に従い国際私法の準則により日本法を準拠法とする場合にのみ，日本法が適用されるのである。

　次に，日本法廷（及び仲裁廷）の判定を原文のまま UNCITRAL 事務局に報告する必要がある。Abstracts は英文で作成して報告する必要がある。又わが国の判例（仲裁判断を含む）についてデータベースを構築する必要がある。

　UNCITRAL の CLOUT にしろその他各種データベースにしろ，外国

---

(49) データベースについて，CLOUT，UNILEX，Pace 大学のほかに，CISG-online http://www.CISG-online.ch. もある。その中に CISG Japan もある。Schlechtriem and Schwenzer Commentary（2005）at 98 n26 を参照。

第3章　国際取引における信義誠実の原則

判例の集積の暁においては，CISG条文の解釈と適用について世界判例法の形成が望まれる[50]。実際においてUNCITRALはその方向で活動しているように見受けられる。CLOUT自体がその名の示すとおりCISG条文の判例法であるし，CLOUT Cases等を集積して，CISGについてCLOUTのほかに，Digestの作成が進んでおり，公表されているとおりである[51]。

このような世界判例法の形成は，CISG第7条(1)項の目指している国際性と統一性の方向であると，言えるのである[52]。

ウイーン売買条約に基づいて行われる国際取引における信義則についても，先ずCISG第7条(1)項及びその他CISGにおける信義則の条項を扱った各国の判例が，日本の将来の判例も含めて，CLOUTやUNILEXなどのデータベースに集積されて，次に世界判例法の形成へと向うものと思われる。そこにおいては，国際取引において共通（common in international trade）の信義則の基準が形成されていくであろう。

7　結　び

CISGを適用した世界各国の判例の蓄積が進んでいる。CLOUTの判例

---

[50] PICCやPECLは国際リステートメントとされているが，これとは別に，CISG条文の解釈と適用について世界判例法を形成しなければならないし，今現在実際にそのような方向にあるものと考えられる。この点UNCITRALに負うところ大である。
　しかし，世界判例法と言っても，それに世界的な判例拘束性があるわけではなく，あくまで法廷や仲裁廷が判定にあたり参考に参照するものであって，いわゆる説得力（persuasive value）があるものである。
[51] http://www.uncitral.org/uncitral/en/case_law/digests/cisg.html
　UNCITRALのDigestにおいてCISGの各条文毎にCLOUT CasesやUNILEXなどの判例のdigestが収集されている。
[52] 曽野・山手『国際売買法』69頁に，CISG 7条1項は「統一的解釈維持のため他の締約国における説得力ある判決等を参照できるように，特に英米法系諸国の裁判官を先例拘束の原理から開放するという意味を持つ」とあるが，これを敷衍すれば本文で述べたような意味になるものと解される。

7 結　び

　数も年々増加して500例を超えている。それ故にCISGに基づいて行われる取引の紛争処理も，予測性が年々高まっているのである。CISG締約国の当事者間で行われる取引には，当事者がその適用を排除しない限り，CISGが自動的に適用されるから，当事者間で発生する紛争は，CISG条文とその判例により，容易に解決することが可能となるのである。

　わが国も2009年8月よりCISGの締約国になることは，喜ばしいことである。締約国になれば，わが国の判例（仲裁判断も含む）を外に発信する必要がある。CISGを適用した日本判例を収集し，かつ英文のAbstractsを作成しUNCITRALに報告するための日本の体制を固める必要がある。又その原文をUNCITRALに報告する必要がある。そのためのNational Correspondentの存在が必要である。日本が加入してから速やかに，このための体制を固めておく必要があろう。

　ともあれ，日本がCISGの締約国となりCISGにより取引が行われるようになれば，日本を基点としてCISGの世界が一段と拡大することになるのである。

第4章 ウイーン売買条約における事情変更の原則
——CISG 第79条について

> 1 条約の事情変更の法理
> 2 障害（impediment）の法理
> 3 判例にみる自己の支配を越えた障害
> 4 判例にみる契約締結時に予見不可能な障害
> 5 判例にみる回避または克服不可能な障害
> 6 経済的な履行困難
> 7 その他の事項
> 8 結　び

　ウイーン売買条約[1]（以下単に条約又は CISG）の第79条は，条約の下に締結された売買契約の義務の不履行（failure to perform obligations）について，不履行の当事者がその不履行に責任を負わない場合のことを，規定している。条約第79条1項によれば，「当事者は，自己の義務の不履行が自己の支配を越える障害（impediment）によって生じたこと及び契約の締結時に当該障害を考慮することも，当該障害又はその結果を回避し，又は克服することも自己に合理的に期待することができなかったことを証明する場合には，その不履行について責任を負わない」，と規定されている[2]。すなわち，これは売買契約の事情変更の規定である。

　この章は，条約第79条に規定されている条約上の事情変更の法理につい

---

[1] ウイーン売買条約は「国際物品売買契約に関する国際連合条約」（United Nations Convention on Contracts for the International Sale of Goods）1980年ウイーンにて採択，1988年1月1日発効。わが国については，2008年7月1日に加入書を国連事務総長に寄託したので，条約第99条に従い，2009年8月1日から発効する。このため，2009年8月1日以降に締結される売買契約に CISG が適用されることになる。

て，検討するものである。この章では，同条第1項の一般規定についての検討に集中し，第三者の不履行についての責任（2項），障害が一時的である場合（3項），債務者への通知義務（4項），免責の効果（5項）については，必要に応じて触れるにとどめる[3]。

1 条約の事情変更の法理

契約の履行が，当事者の予期せぬ事態の発生により，不可能または困難にいたった場合に，法的にどのように対処するべきであるかという事情変更の法理（clausula rebus sic stantibus）は，いくつかの国の法制に存在している。このような事態の発生は，ふつう国際売買契約において force majeure 条項や hardship 条項に規定されているものである。ウイーン売買条約第79条1項の障害（impediment）の法理は，英国の impossibility あるいは frustration，アメリカの commercial impracticability，フランスの imprévision，ドイツの Wegfall der Geschäftsgrundlage，イタリアの ec-

---

[2] ウイーン売買条約の訳文は，2008年2月第169期国会に提出され，衆議院が5月20日に可決承認し，憲法の規定により自然承認された条約の訳文（外務省ホームページ）による。

曽野和明・山手正史『国際売買法［資料編］』（青林書院，1993年）2頁以下，資料1国際物品売買契約に関する国連条約（ウイーン売買条約）も参照。

[3] 条約第79条の注釈としては次を参照。

Commentary on the UN Convention on the International Sale of Goods (CISG) Second English Edition edited by Peter Schlechtriem and Ingeborg Schwenzer (Oxford University Press 2005) at 806–837. 以下この Commentary を Schlechtriem and Schwenzer Commentary (2005) と言う。

Ronald A.Brand, "Article 79 and a transaction test analysis of the CISG," in Franco Ferrari, Harry Flechtner, Ronald A. Brand (Ed.), "The Draft UNCITRAL Digest and Beyond: Cases Analysis and Unresolved issues in the U.N.Sales Convention" (Sellier. European Law Publishers/Sweet & Maxwell 2004) at 392

曽野和明・山手正史『国際売買法　現代法律学全集60』（青林書院，1993年，以下曽野・山手『国際売買法』と言う）261-279頁

鹿野菜穂子「第Ⅳ節　免責」甲斐道太郎・石田喜久夫・田中英司編『注釈統一売買法Ⅱウイーン売買条約』（法律文化社，2000年）199-233頁

cressiva onerosita sopravenutà などに相応しているものであると考えられる。しかし、これらの国内法の法理がウィーン売買条約に基づいて締結された国際契約に適用される場合は限定的である。すなわち当該事案について、事情変更の法理の存在する、ある国内法が CISG 第 7 条 2 項に基づいて、国際私法の準則により適用される法として指定される場合にのみ、その国内法の法理が適用されるからである。

条約第79条の適用と解釈は、条約第 7 条 1 項により、国際性、統一性、国際取引における信義を考慮して、なされなければならない。

事情変更の具体的事案の解決にあたって、条約上の適用の順序については、まず当事者の約定した契約の条項、当事者の約定がない場合は、第79条とその判例（case law）[4]、次に条約第 7 条 2 項に従い、条約の基礎にある一般原則、かかる一般原則がない場合は国際私法の準則により指定された国内法、の順序で行われなければならない。条約の規定とその基礎にある一般原則、そしてそれらを適用し解釈した判例、が国内法に優先する。

これから条約第79条に係わるいくつかの判例を見ていくが、条約79条については、条約発効以来かなり多くの判例の蓄積があり、幸いその解釈が可能になってきている。条約の条文解釈は、それを適用し解釈した条約自体の判例（加盟国である外国の判例）を参照して、なされなければならない。条約第79条についても、国際性と統一性を確保する必要から、条約の中で自律的に解決してゆくことが要求されるのである。条約の条文解釈にあたってこの原則を無視して、いきなり国内法の基準を用いるものは、条約第 7 条 1 項の原則に違反しており、国際性と統一性のある正しい判例とは言えないのである[5]。

条約条文を適用し解釈した加盟国である外国の判例が、参照するべき判

（4）判例は主として UNCITRAL の CLOUT （Case Law on UNCITRAL Text）と UNILEX（http://www.unilex.info/）による。判例には司法法廷による判決と仲裁廷による仲裁判断を含む。UNCITRAL における CISG79条に係わる判例の蓄積については、CLOUT のほか、DIGEST at A/CN.9/DIGEST/CISG/79 も参照。

例 (case law) なのである。このために国連の UNCITRAL において CISG についての判例が蓄積されており, CLOUT (Case Law on UNCITRAL Text) や Digest のデータベースがある。この他 UNILEX や Pace University などのデータベースが作成されて公開されている。

2　障害 (impediment) の法理

ウイーン売買条約に基づいて締結された売買契約の履行が完了する前に不能又は困難にいたった場合は, 当該契約の規定に force majeure 条項や hardship 条項などの具体的な規定があればその規定によるが, 具体的な規定がなければ, 条約第79条による。

条約第79条1項による場合, まず, 当該事案の事態が, 第1項の自己の支配を越えた障害 (impediment) に該当するのかどうか, 次に, その障害を契約締結時に考慮に入れておくことも, 契約締結後その障害の発生またはその結果を回避または克服することも, 合理的にみて期待され得なかったかどうか, が問題となる。もし不履行の当事者が, 不履行は自己の支配を越えた障害によって生じたものであり, かつ, その障害を契約締結時に考慮することも, その障害またはその結果を回避または克服することも, 合理的にみて期待することができなかったことを証明する場合は, 不履行当事者は自己の不履行について責任を負わない。すなわち, 免責 (exemption) となる。

「自己の支配を越えた障害」は, 客観的に自己の支配を越えているかど

（5）Schlechtriem and Schwenzer Commentary (2005) at 812-814 を参照。
　　CLOUT Case No.696 における アメリカ法廷 (US District Court for the Northern Districtof Illinois) は, 中古鉄道レールの売買契約のドイツ売主が, 自己の不履行は積出港における予期せぬ冬季の凍結によるものであるとして, CISG79条の免責を主張したのに対して, アメリカ買主の主張を容れて, アメリカ国内法の類似の規定を解釈したアメリカ判例をもって, CISG79条を解釈している。本文で述べたように, CISG7条1項の国際性と統一性の原則から見てこのアメリカ法廷のアプローチは正しいものとは言えない。

2 障害 (impediment) の法理

うかが,基準である。その場合の要件として,「当該障害の発生を契約締結時に考慮すること」すなわち「当該障害の発生を契約締結時に予見すること」が合理的にみてできなかったこと（予見不可能性）を,当事者は証明しなければならない。その障害は契約時にすでに存在していたものか契約後発生するものかを問わない。この合理的に予見不可能の点については,条約第8条の解釈基準に従い客観的に決定されなければならないから,この点についても,客観的な基準であると言える。

もう1つの要件である「当該障害又はその結果を回避し,又は克服すること」が合理的にみてできなかったこと（回避または克服不可能性）も,同様に客観的な基準である。合理性の解釈は予見不可能性の場合と同様に客観的に決定されなければならないから,この点についても客観的であると言える。このように自己の支配を越えた障害について,予見不可能性と回避または克服不可能性のいずれの要件も,客観的基準によっており,そこには過失や帰責の主観的要素を見ることはできない。

このように予見不可能性と回避または克服不可能性のいずれの要件についても合理性の解釈は,国際取引を行っている業者が同様の状況下で有したであろう理解をもって,解釈するべきである（条約8条2項）。その場合,関連するすべての状況（交渉,当事者間で確立した慣行,慣習及び当事者の事後の行為を含む。）に適切な考慮を払うべきものとされている（条約8条3項）。

外務省訳および曽野・山手訳によれば,条約第79条1項の要件は,自己の支配を越えた障害の要件に加えて,予見不可能性と回避または克服不可能性は累積的な要件であるように読める。原文は予見不可能と回避または克服不可能とを or という接続詞で並列して規定しているものであるが,ここでは,その意味は and に近い累積的である。すなわち,当事者が,自己の支配を越えた障害を契約締結時に合理的に予見することができなかったことを証明し,加えて,発生した障害を合理的に回避または克服することができなかったことについても証明すること,を要するものである。

第4章　ウイーン売買条約における事情変更の原則

一般にA or Bという文章は，AもBも，という累積的な意味と，Aでなければ B，という択一的な意味とがある。ここでは明らかに前者の意味である。判例もそのように解している。

　しかしながら，契約締結時の予見不可能性の証明の要件は，国際取引の業者である当事者にとり，証明するのがかなり難しいところである。取引を始めるにあたり，業者は自己の業界の状況をよく把握しており，およそ将来の業界の状況は予測が立つはずであるからである。また特に解釈にあたり条約第8条3項の交渉経過，取引慣行を含む関連する一切の状況を考慮に入れるべきことを鑑みると，合理的にみて当該障害の発生を考慮に入れることができた（または考慮に入れるべきであった）という解釈が容易になされ得るからである。

　もし，契約時に，当事者が当該障害の発生を合理的に予見することができて，実際に発生した障害を回避または克服することができたなら，それでよし，もし，当事者が発生した障害を回避または克服することができないとすれば，そのリスクは自己が負担するべきものと言うべきである。当事者が契約時に，当該障害の発生を予見できるならば，当事者はその障害を回避または克服する備えをしておくべきだからである。

　条約第79条1項の事情変更の規定は，条約第74条から第77条で規定されている契約履行の厳格な責任を緩和するものまたは例外規定であると言えるものであるが，以上見てきたとおり，条約第79条1項の3つの要件は厳格であり，不履行の免責が認められる範囲は広くないのである。また，不履行の免責は条約上客観的な基準によっており，そこには主観的な過失または帰責の要素はない，と言うことができる[6]。

　ウイーン売買条約第79条の「障害（impediment）」は，ハーグ統一法（ULIS）第74条に最初に規定された概念である[7]。

　ハーグ統一法第74条2項は，一時的障害（tenmporary impediment）による不履行について，「ある遅滞（delay）のため履行が，契約に想定された義務の履行と全く異なるものになってしまうほど，根本的に変化（radical-

2 障害（impediment）の法理

ly change）してしまう場合は，当事者は永久的に義務から免れる」と規定している。ここで言う根本的な変化が具体的にどのような変化であるのか，どの程度の変化が根本的な変化と言えるのか，の点が不明確であり問題であるが，そこには，当事者の過失や帰責の要素は見られない。ここでの障害は根本的変化という客観的な基準によっている。ウイーン売買条約第79条1項の客観的な基準としての障害（impediment）は，ハーグ統一法第74条から端を発しているものであると考えられる。

　条約第79条1項は，自己の支配を越えた障害という，客観的な基準によっている。自己の支配を越えた障害とはどのようなものを言うのか，具体的な事例をみて行きたい。条約第79条の自己の支配を越えた障害は，要件として合理的にみて契約時に考慮に入れておくことが不可能（予見不可能）なものであること，また合理的にみてその障害またはその結果を回避または克服することが不可能であること，を要するので，この点も合わせて判例をみて行きたい。

（6）CISG第79条はそこにいたる草案の過程において，過失なき障害，みなし過失という考え方も検討されているようであるが，採択された条文はそのような規定になっていない。この点に関するCISG79条のUNCITRALにおける立法過程については，曽野・山手『国際売買法』264-265頁を参照。

　曽野・山手両教授は，立法過程からみて，CISG79条1項の要件である自己の支配を越えた障害，予見不可能性と回避または克服不可能性は，「原理的に，免責と過失の有無とを遮断するものではなく，国によって異なる解釈がなされる可能性がある概念の使用を避けようとした結果にすぎず，条約79条1項が示す3つの要件で「過失」を間接的に定義していると理解することもできる」，とされている。

（7）ハーグ統一法（ULIS）第74条は，Convention Relating to a Uniform Law on the International Sale of Goods（signed at Hague, July 1, 1964）国際物品売買に関するハーグ統一法（ULIS）の第74条である。前掲注（2）曽野和明・山手正史著『国際売買法［資料編］』93頁以下。

　CISG79条とULIS74条との関連とCISG79条のUNCITRALにおける立法過程については曽野・山手『国際売買法』267頁を参照。

63

3　判例にみる自己の支配を越えた障害

　自己の支配を越えた障害に地震，津波，洪水，風水害などの自然災害がある。CISG79条関連の判例に，自然災害によって不履行が免責とされたものは，今のところ見当たらないが，不履行がこのような自然災害による場合は，CISG79条の自己の支配を越えた障害に該当するものであることは間違いないであろう。

　CISG79条の判例にみる事例は，当該契約の義務の履行に影響を及ぼした，輸入規制，輸出規制，安全確認等の政府当局の行為によるものである。買主の代金支払いに影響を及ぼす国際的対外支払いの停止なども問題となる。売主への供給者（第三者）の不履行がしばしば問題になっている。売主への供給者など第三者の不履行については，判例は供給者に相当な事情が存在する場合でも，売主について自己の支配を越える障害を否定しており，売主にとり厳しいものとなっている。また，市場価格の高騰などの当事者にとり市場不利の状況など，経済的事情による不履行については，自己の支配を越える障害として否定されている。

　総じてみると，自己の支配を越えた障害による不履行について肯定された事例はほんのわずかであり，圧倒的な多数の事例では否定されているのである。当該事例の障害が自己の支配を越えているとされた場合でも，予見不可能性や克服又は回避不可能性の要件を満たしていないとされて，いくつかの事例で免責が否定されている[8]。

---

(8) 後述の本文第4項「判例にみる契約締結時に予見不可能な障害」と後注，本文第5項「判例にみる回避又は克服可能な障害」と後注，を参照。

(9) UNILEX 22.01.1997 Russian Federation No.155/1996 Tribunal of Int'l Commecial Arbitration at the Russian Federation Chamber of Commerce

3 判例にみる自己の支配を越えた障害

(1) 自己の支配を越えた障害が肯定された事例

(a) 政府当局の規制についての事例[9]

　ドイツ売主とロシア買主間でバターの売買契約を CIP St.Petersburg 条件で締結した。買主は全額前払いし，売主の引き渡した物品を受領したところ，不適合品であったので引取りを拒絶し，契約価格と受領した物品の価格との差額等を損害賠償として請求した。売主はこれを拒否し，引き渡した物品はドイツにて中立の研究所による品質証明がなされていて，品質適合の証明書を取得しているとして，買主の引取り拒絶に対して損害賠償を請求したので，両者間で仲裁による紛争になった。

　仲裁廷は，買主の損害賠償請求については，買主は売主から引き渡された物品について，事前に両者間で品質の条件について値引きなしで確認が行われており，買主は品質の明細 (specification) を受領していたから，合意している品質と引渡しを受けた物品の品質との差異に，当然気が付くべきであった，したがって買主は契約価格との差額を損害賠償として，請求することはできない，と判定した。

　仲裁廷は，売主の損害賠償請求については，買主は契約代金と輸入税関費用も支払済みであり，買主に契約違反はないから売主に損害は発生していないとして，損害賠償は認定しないものと，判定した。

　加えて仲裁廷は，買主は，買主の支配を越えた障害により，契約した物品を受領することができなかったもの，と判定した。その理由は，当該品は輸入通関時の品質検査において鉛の不純物が発見されたため，買主は品質適合の証明を取得することができなかったためである，とされた。

　ロシア法によれば，ロシアへのバターとマーガリンの輸入には安全性の証明が規定されていたので，買主は St.Petersburg Center for Expertise and Certification に証明を依頼したところ，同センターの結論は通常以上の鉛濃度を認定したものである。売主はこの認定について，争う手続をとらなかったので，仲裁廷は，買主は免責 (not liable) であると判定した。本件は結論として免責も認められた事例である。

第4章　ウイーン売買条約における事情変更の原則

本件は，買主の引取り拒絶による売主の損害賠償請求に対して，仲裁廷が買主の支配を越えた障害を認定して，買主の免責を肯定した事例である。

(b) 第三者（売主への供給者）の不履行の事例[10]

スイス買主はフランス売主と柔道着の売買契約を結び引渡しを受けたが，洗濯をすると過剰に縮むという苦情を客から受け，不適合であることが判明した。買主は契約を解除して代金の返還と損害賠償を求めて売主に訴えを提起した。

フランス裁判所は契約解除と損害賠償を認めたが，損害賠償の金額については，売主の不履行は自己の支配を越える障害によるものであるとして，一部免責を認めた。その理由は，当該品は第三者により製造されたものであり，売主が悪意に行動した証拠はどこにも見られないからである，とされた。

後述の通り，売主にとり第三者である売主への供給者に係わる事由による売主の不履行は，自己の支配を越えた障害であると認められた事例は，ほとんど見当たらないのであるが，この判例は，第三者により製造された物品の瑕疵について，売主の免責を肯定している事例である。

(c) 第三者（運送人）の不履行の事例[11]

イタリア売主とスイス買主との間の美術本の売買に関連して，カタログの出荷について，売主が買主に約定した納期を守るために，売主は運送会社に運送を委託し，運送会社は納期に間に合うようにカタログの買主への引渡しを保証したところ，当該品の到着は遅延した。スイス買主の売主に対する損害賠償請求について，スイス法廷はCISG31条により，売主が当

---

(10) UNILEX19.01.1998 France No.97 009265 Tribunal de Commerce de Besancon Christian Flippe v. Sarl Douet Sport Collections

このケースは当該品の製造が第三者である場合に，売主の責任を否定しているものであるが，売主への供給者の製品の瑕疵について，売主の瑕疵担保責任を認定し，自己の支配を越えた障害であるとの，売主の主張を認めなかった事例として，CLOUT Case No 272, Case No.271 がある。

(11) CLOUT Case No.331

該品を運送人に引渡したとき,自己の義務は完了しており,運送人の不始末に責任を負わないと,判定した。同じ理由により,CISG79条(2)項に従い,売主は運送人の行為について責任はない,と判定した。買主が当該品を納期に受領していなくても,売主が納期に間に合うように当該品を出荷していれば,売主は自己の義務を履行しているという,スイス法廷の結論である。

本件の場合CISG79条(2)項(a)(b)要件も満たしているという判定である。

(2) 自己の支配を越えた障害が否定された事例

自己の雇い人,従業員,代理人,履行補助者などの不履行は,自己の支配下における不履行であるから,自己の支配を越えた障害の主張は否定される。この他自己の支配を越えた障害が否定された多くの事例がある。次のような事例である。

(a) 売主への供給者又は製造業者に発生した事情

売主への供給者については,供給者に発生した事情を特に検討しないまま,供給者の不履行は売主の責任である,とされた事例もあるが[12],自己の供給者又は製造業者が財政困難に陥った場合で,売主が財政援助を求められるような場合[13],下請けが経済情勢の変化により履行困難に陥ったような場合[13],は売主にとり自己の支配を越えた障害ではないとされている。

(b) 買主や買主の銀行などに発生した事情

買主の代金支払いのための外貨資金不足[14],買主の資産を保有してい

---

(12) UNILEX 00.00.1995 Arbitral Award No. 8128 ICC Court of Arbitration, 並びに UNILEX 28.02.1997 Germany 1 U 167/95 Oberlandesgericht Hamburg, CLOUT Case No.277, 後者の判例においてハンブルグ高等裁判所は,売主はその供給業者から当該商品の引渡しを受けるべくリスクをとったものである,同等の品質の商品を市場で入手できなくなれば売主は免責となる,としている。
(13) CLOUT Case No.166, CLOUT Case No.141
(14) CLOUT Case No.142

る銀行の倒産(15)，買主の銀行に代金を払い込み後その銀行が被盗難(16)，買主の政府による外貨支払いの停止(17)，買主を取り巻く状況の悪化（工場建設現場の遅れ）(18)など，いずれも買主にとり自己の支配を越えた障害ではないとされた。買主の金銭債務の履行には，厳しい判例となっている。

（c）経済的変動の事情

不利な市場の状況，貨幣価値の切り下げなど(19)，買主の市場における需要の減退(20)，などは自己の支配を越えた障害ではないとされた。

（d）危険負担が移転しているという事情

ユーゴ会社を売主，ハンガリー会社を買主として，キャビアの売買契約を，売主住所地渡し条件，支払いは引渡し後2週間という条件で，締結したところ，売主が物品を買主に引渡した後，支払い時期のころ，ユーゴに対する国連の輸出禁止措置がハンガリーにおいて発効した。買主は国連の禁止措置は force majeure であるとして，支払いができなくなったと主張した。

ハンガリー仲裁廷の判定は，買主に危険が移転しているとして，買主の force majeure の抗弁を認めなかったものである(21)。

4 判例にみる契約締結時に予見不可能な障害

CISG79条において，自己の支配を越えた障害であっても，契約締結時に合理的に予見可能な場合であれば，免責は肯定されない。その障害を合

---

(15) CLOUT Case No.469
(16) UNILEX 16.02.1998 Russian Federation No.29 High Court of Arbitration of the Russian Federation
(17) CLOUT Case No.104
(18) CLOUT Case No.645
(19) UNILEX 12.02.1998 Arbitral Award No.11/1996 Bulgarska turgosko-promishlena palata （Bulgarian Chamber of Commerce and Industry）
(20) CLOUT Case No.464
(21) CLOUT Case No.163

理的に予見可能であったとされて，免責が否定された事例として次のようなものがある。

（1）政府当局の輸出禁止規制と炭鉱ストライキ[22]

ウクライナ売主とブルガリア買主との間で締結されたウクライナ産石炭の売買契約について，ウクライナ政府の輸出禁止措置のため，売主は契約の履行ができなくなったところ，買主は損害賠償を請求し，売主は条約79条による免責を主張した。

仲裁による紛争になったが，ブルガリア仲裁廷は，ウクライナ政府の輸出禁止措置は売主の支配を越えた障害ではあるが，輸出禁止措置は契約締結時に既に施行されており，予見可能であるから，売主の免責は認められない，と判定した。

また，本件については，売主は石炭鉱夫のストライキによる免責も主張したが，ストライキの時点で売主は既に不履行であったから，その後の不可抗力（force majeure）の主張はできないと判定された。

（2）放射能で汚染された粉ミルクの輸入と政府当局の輸入禁止措置[23]

オランダ売主とシンガポール買主との間の粉ミルクの売買にいついて，当事者はシンガポールで施行されている放射能汚染の食品輸入禁止の規制を満たすことを要したところ，輸入した当該品は基準値を超える放射能で汚染されていた。売主は引渡し不履行となり，買主は損害賠償を請求した。

売主はCISG79条を援用して免責を主張したが，オランダ法廷は，シンガポール政府の輸入規制は自己の支配を越える障害ではあるが，契約締結時に売主はそれを承知しており，適合品の引渡しをするリスクを負ってい

---

[22] UNILEX24.04.1996 Arbitral Award No.56/1995 Bulgarska turgosko-promishlena palata （Bulgarian Chamber of Commerce and Industry）
[23] UNILEX 02.10.1998 Netherlands No.rolnr.9981 / HA ZA 95-2299 Rechtbank's-Hertogenbosch, Malaysia Dairy Industries Pte.Ltd.v.Dairex Holland BV

たとして，免責を認めなかった。

政府当局の輸出規制や輸入規制は，それぞれ当事者の支配を越えた障害に該当するが，国際取引の業者である当事者として，取引を行うにあたりそれらの規制を遵守するように履行するべきリスクを負っている，従い，その障害を契約時に予見不可能であるという主張はできないという判例である。

5　判例にみる回避または克服不可能な障害

ここでは，自己の支配を越えた障害が発生している場合でも，その障害を契約締結後に合理的に回避または克服不可能である場合について判例を見ると，その障害を合理的に回避又は克服可能であったとして，免責を否定している次のような事例がある。

（1）生産地における悪天候（豪雨）による生産量の減少等[24]

フランス売主とドイツ買主との間で，濃縮トマトの売買契約を締結したが，売主は一部しか履行できず，両者間でドイツ法廷における紛争となった。売主は，フランスにおける豪雨により，トマトの生産量が減少し市場価格が急騰したため履行ができなくなったとして，CISG79条の免責を主張した。

ドイツ法廷は，フランスにおける豪雨により確かに生産量が減少し，価格は高騰したかも知れないが，そのためにトマトの全作付けが消滅したわけではないから，売主の履行は依然として可能である。従い，生産量の減少とトマト市場価格の高騰は，売主の克服可能な障害であるとして，免責を認めなかった。

ドイツ法廷の判定は，豪雨による生産量の減少と市場価格の高騰は，自

---

(24) UNILEX 04.07.1997 Germany 1 U 143/95 and 410 O 21/95 Oberlandesgericht Hamburg

己の支配を越えた障害ではあるが，回避又は克服不可能ではない，というものである。

　天候異変による生産量の減少と市場価格の高騰は，当然予見不可能なものであったと考えられるが，本件の場合，回避又は克服不可能性の要件が取り上げられて，免責が否定された判例である。

（2）輸入国における鳥インフルエンザの規制[25]

　アメリカ売主とルーマニア買主との間で，チキン部位の売買契約を数本締結したが，アジアで鳥インフルエンザが発生したため，ルーマニア政府は一定日以降のチキン輸入を禁止した。売主の船積が遅れたので，ルーマニア政府の規制により全量をルーマニアに輸入できないため，買主はルーマニア国外の港での陸揚げを提案した。

　売主はその提案を拒否し，force majeure により本件契約は無効となったとして，他の買主に当該チキンを売却して利益をあげた。

　アメリカ仲裁廷は，売主の船積み遅延は本件の場合重大な契約違反とは言えないとしたが，買主の提案の拒否は重大な契約違反であると判定した。仲裁廷は売主の契約違反がCISG79条により免責となるかどうかについて次のように判定した。

　ルーマニア政府の決定は売主の支配を越えた障害であり，契約締結時に売主は合理的に想定することはできないものであった。加えて，本件の結論として売主は買主が提案したように，本件チキンをルーマニア国外の揚地に出荷することにより，ルーマニア政府の決定を回避することができたものと判定し，CISG79条の免責を認めず，買主は売主に損害賠償を請求できると，判定した。

　本件の判定は，自己の支配を越えた障害を認定した上で，予見不可能性は認めたが，回避不可能性を認めず，免責を否定した事例である。回避不

---

[25] UNILEX12.12.2007 Arbitral Award No.50181T 0036406 American Arbitration Association Macromex Srl v. Globex International Inc.

第4章　ウイーン売買条約における事情変更の原則

可能性の要件は，合理的な代替する履行乃至給付が可能ならば，そのような代替の履行をすることが求められるとしている[26]。

　これらの判例にみるとおり，CISG79条１項の予見不可能性を認定又は当然としている場合でも，回避又は克服不可能性の要件を満たさないと，免責は認められないのである。その場合，障害の回避又は克服の不可能性の要件は，判例にみるように合理的な代替履行の義務を伴うのである。

6　経済的な履行困難

　経済的な履行困難は，契約の履行はまだ可能であるが，契約条件通り履行すると経済的に非常に困難になる場合のことである。長期売買契約など履行期の長い契約の履行中にしばしばおこる問題である。ここでは，その履行困難の事態が，CISG79条における自己の支配を越えた障害に該当するのかどうか，更に予見不可能性，回避又は克服不可能性の要件を満たすものなのかどうか，が問われる。

（1）判例と学説

　需要の減退，経済不況，市場の混乱，価格の高騰又は暴落，などの経済的な変動の場合について既に見てきたように，判例はこのような場合CISG79条の自己の支配を越えた障害であることを否定している。ここでは，予期せぬ市場価格の暴騰，暴落，市場の崩壊などの経済的変動により，履行困難の事態が発生したとして争われた事例を見て行くと，次のような

---

[26] もう1つのルーマニアの鳥インフルエンザ事件として，下記があるがこの事例においては，ルーマニア買主は代替の陸揚げ地として，グルジアを提案したのであるが，売主がこれを拒否した事例である。売主はCISG79条の免責を主張したのであるが，注(25)の事例の場合と同様に，アメリカ法廷は，グルジアでの履行が可能であり，回避又は克服不可能ではないとして，売主に免責を認めなかったものである。

　　UNILEX 16.04.2008 08 Civ. 114（SAS）U.S. District Count S.D.N.Y. Macromex SRL v.Globex International Inc.

ものがある。

　CLOUT Case No.54 において，契約物品の価格が契約締結時から引渡し時までの間に約30％上昇したため，売主は hardship を理由に契約解除を主張したが，イタリア法廷は CISG にはそのような救済は想定されていないと，判定した。

　CLOUT Case No.277 において，ドイツ法廷は，市場価格が契約締結時の契約価格の3倍になったのであるが，取引は高度に投機的であり，それは売主にとり「自己犠牲的な価格に至っていない」とされ，売主の負担するべきリスクである，と判定した。

　CLOUT Case No.480 において，買主（自動車メーカー）は自動車用部品供給の長期契約において，自動車市場の突然の崩壊によって，契約価格の50％引き下げを売主（部品供給者）に要求したが，フランス法廷は，買主は国際市場の事情に通じた業者であり，市場の変化は予測不能ではないし，買主がリスクを負担しなければならない，と判定した。

　これらいずれの事例においても，履行困難の事態が発生したとされているものであるが，CISG79条の救済は否定されている。当事者が経済的リスク（不利益な市場価格と契約価格の差）を負担するべきものとされている。CLOUT Case No.480 において，買主は売主に契約上の義務の履行を保証するかまたは変更する取り決めをしておくべきであったこと，一方売主はCISG77条により損失を最小限にする義務があることなどが述べられている点に，注目したい。

　問題は，これらの履行困難の事態を CISG79条をもって救済しようとする場合，予期せぬ事態という予見不可能性の要件は満たしているとしても，自己の支配を越えた障害と回避または克服不可能性の要件を満たしていない，という点にある。市場の変化が激しく国際取引の事情に通じている業者でも，自己の支配を越えており，合理的に回避または克服することが不可能なほど，急激で根本的な変化であるような場合にならなければ，これらの事例程度の変化では CISG79条の救済は受けられない，ということな

のであろうか。この点履行困難を扱った従来の判例はそれほど多くなく，将来の判例の蓄積を待つよりほかはない。

この点に関する有力な学説は，経済的な履行困難の問題を解決するにはCISG79条は不適当（ill-suited）である，CISG79条の前身であるULIS74条と比較した場合，ULIS74条の規定では当事者に容易に経済的履行困難の主張を許すことになるので，CISG79条は適用範囲を狭めてより厳格なものにしたものである，とされる[27]。しかし，「立法の経緯に鑑みれば，経済的履行困難の場合における免責の可能性が完全に排除されたとは言い切れない」とし，他の外的障害（例えば，戦争，動乱など）と「同一視できるほど著しい hardship の発生を認め得る場合には，経済的履行困難も障害に含まれると解する余地がある」とされている学説もある[28]。

（2）実際的な解決方法と私見

具体的な経済的履行困難の状況を，CISG79条に当てはめて3つの要件を検討する場合，3つの要件の解釈にあたっては，CISG 7 条 1 項の国際取引における信義の原則をもって為されなければならない。その場合特にCISG79条 1 項の合理性の解釈に当たっては，信義則をもって解釈すれば，妥当な解決の道が見えてくるものと思われる。しかし，妥当な解決の道と言ってもCISG79条の救済は，不履行の免責のみであるから，契約条件の改訂や，契約の解消，損害賠償の衡平的な調整などの救済を要する場合は，CISG79条の範囲を超えている問題であると言えよう。

履行困難の事態について，CISG79条によって解決することができない場合は，CISG 7 条 2 項に基づいて条約の基礎にある一般原則により，解決することが可能である。このような一般原則としては，信義の原則（信義則）をはじめ，ユニドロワ国際商事契約原則（PICC）やヨーロッパ契約法原則（PECL）などの国際契約法原則があるから，例えばPICC6.2.2条，

---

[27] Schlechtriem and Schwenzer Commentary (2005) at 822-823
[28] 曽野・山手『国際売買法』266-267頁

6.2.3条によって解決することも可能となる。PICC6.2.3条には，再交渉，協議のことが規定されており，協議が整わないときは，法廷（仲裁廷を含む）に付すことができ，法廷は契約解除，契約条件の改訂を命じることができる旨，規定されている。

　しかし，PICCが条約7条2項の条約の基礎にある一般原則であるのかどうか，広くそのような解釈が一般に認められているわけではないから(29)，当事者が相手方との間の契約書に，経済的履行困難の事態に備えた規定をおいておくべきであろう。そしてその規定の中にPICCにより解決するべきことを入れておくとよいであろう。その場合当事者としては，PICCが確実に適用されるのであればそれでよく，その適用が実質法的適用であるか，抵触法的適用であるか，いずれでもよいことであろう。

　国際取引における経済的履行困難の問題は，国際取引を行う当事者が契約書に，経済的履行困難の事態に備えて，再交渉条項，hardship条項などを規定しておくことが行われている。そこには，契約条件の再交渉，協議，契約条件の改訂，契約解除等の規定がなされているようである。またそこには仲裁や調停の規定もされるのが通常であるから，契約当事者により実際的な解決が図られているものと言える。

　CISGはそのような当事者自治を認めており（CISG6条），そのような当事者による自主的な解決は条約の立場からも望ましいところであると言えよう。

　経済的履行困難の問題の解決について，具体的な基準が存在するわけではないので，当事者間において紛争になった場合，結局のところ条約上の信義の原則又は信義則によって，判定されるべきこととなろう。それだけにこの問題についての今後の判例に注目しなければならない。

---

(29) PICCがCISG7条2項の条約の基礎にある一般原則を体現しているとした判例もある。UNILEX 00.00.1995 Arbitral Award 8128 ICC Court of Arbitration, Baslを参照。

第4章　ウイーン売買条約における事情変更の原則

7　その他の事項

　履行期の長い国際取引として長期売買契約，販売店契約（Distributorship Agreement），プラント輸出契約などがある。これらの契約については，国際契約に対する条約の適用範囲（CISG第4条）の問題がある。これらの契約のうち売買の要素についてCISGが適用されることは，言うまでもない。

　CISG79条1項は，免責を主張する当事者に証明責任を課している。免責を主張する当事者が，証明するべき事項を証明できなければ，その主張は否定される[30]

　また，免責されるべき不履行と当該障害との間に因果関係が存在しなければならない。免責される不履行は，予見不可能で回避克服不可能な自己の支配を越えた障害によって，不履行となるからである。

8　結　び

　CISG79条(1)項は，PICC7.1.7条(1)項（Force Majeure）と実質的に同一である。PICCをもってCISGを解釈する（PICC前文第5文）とすれば，CISG79条はForce Majeureの場合に適用される規定である，ということになる。

　契約は履行しなければならないのが原則である。契約後事情の変更により，履行が不能または困難にいたった場合に，契約不履行が免責される場合は契約履行原則の例外である。例外であるから，条約上広く例外が認められるわけではない。

　契約は履行されなければならない（Pacta sunt servanda）のが大原則であることを前提としてCISGは規定されているから，CISG79条もこの大原則の下にある。そのためCISG79条を適用するための要件が厳格に規定

---

[30] CLOUT Case No.140, CLOUT Case No.271

8 結　び

されている。CISG79条の判例（case law）もこれまで見てきたように，同条を適用して免責を認めた事例はきわめて少ないのである。

　CISGのため提訴を受け付ける国際裁判所は今のところ存在しないから，CISGに係わる係争は，各国の司法法廷又は仲裁廷により審査されている。各国の司法法廷又は仲裁廷の判定が，CISGの判例（case law）なのであるから，このようなCISGの判例に今後も注目して行かなければならない[31]。

　ウイーン売買条約は，2009年8月1日にわが国について正式に発効する。国際売買について，ウイーン売買条約がわが国の法となるにあたり，以上見て来たとおり事情変更の規定である第79条を検討しておくのも意味のないことではないと思われる。

---

(31) CISGの判例（case law）と言っても，世界的な判例拘束性はなく，法廷や仲裁廷が参考として参照するものであって，いわゆる説得力（persuasive value）があるにすぎない。しかし，そのpersuasive valueに大きな意味があるのである。

第5章 ユニドロワ国際商事契約原則における事情変更の原則

> 1 ユニドロワ契約原則の前文
> 2 ユニドロワ契約原則の不可抗力条項
> 3 ユニドロワ契約原則の履行困難条項
> 4 英米法における履行困難の法理
> 5 ユニドロワ契約原則における履行困難の要件
> 6 ユニドロワ契約原則における履行困難の効果
> 7 国際取引と履行困難

契約法の原則に事情変更の原則がある。継続的な契約関係特に長期契約に適用されるものである。私法統一国際協会（UNIDROIT）が1994年及び2004年に公表した「ユニドロワ国際商事契約原則」[1]（本書においてユニドロワ契約原則又は PICC という）に，事情変更の原則に係わる条項がある。この章はユニドロワ契約原則に規定されている事情変更の原則を概観し，

---

[1] ユニドロワ国際商事契約原則（以下ユニドロワ契約原則又は PICC）は，次の英文版による。

UNIDROIT International Institute for the Unification of Private Law "PRINCIPLES OF INTERNATIONAL COMMERCIAL CONTRACTS 2004" (Rome 2004)
2004年版 PICC のこの章に関係する第6章と第7章については，1994年版と同一であり，変更は見られない。

1994年版の訳文は，曽野和明・廣瀬久和・内田貴・曽野裕夫訳『UNDROIT ユニドロワ国際商事契約原則』（商事法務，2004）がある。

本章において PICC 関係条文の訳文は拙訳によった。

国際商事契約の「商事」の意味については定義はない。前文のコメント2に「本原則における商事契約はできる限り最も広い意味を持つべきである。そのため商品やサービスの供給又は交換の商取引は勿論のこと，投資や利権契約，専門サービスなどの他のタイプの経済的取引を含む。」とされる。消費者契約は対象外である。

第5章　ユニドロワ国際商事契約原則における事情変更の原則

その法的意義と国際契約における効用について検討するものである。

　ここにおいてユニドロワ契約原則によって，契約法の普遍的なルールが示されたことはまさに画期的なことであり，今後のこのルールの適用が注目されるところである。

1　ユニドロワ契約原則の前文

前文にユニドロワ契約原則の目的を定めている。

- 第1文　ユニドロワ契約原則は，国際商事契約の一般的ルールを定めたものであるとする。第2文以下にユニドロワ契約原則が適用される場合を次のように規定している。
- 第2文　当事者が契約はこの原則に従うと合意したときに適用される。
- 第3文　当事者が契約は「法の一般原則」「商慣習法」(lex mercatoria) 又は　それに類するものに従うと合意したときに適用される。
- 第4文　当事者が契約にその準拠法を定めなかったときに適用される(2)。
- 第5文　国際的な統一法の条約等を解釈したり補完したりするために用いる。
- 第6文　国内法を解釈したり補完したりするために用いる。
- 第7文　国内及び国際的な立法の模範法となる。

　このうち第2文と第3文は当事者の明示的な指定乃至は選択による場合である。第5文は国際的統一法や条約を，第6文は準拠法としての国内法を，それぞれ解釈乃至補完して適用する場合である。第7文は国内法や国際統一法のモデルとなる場合である。

（2）前文の脚注にPICCを準拠法として指定する場合のモデル条項が2通り示されている。1つは，単にPICCを準拠法に指定する場合，もう1つは，PICCが準拠法に指定され且つ管轄地の法Ｘ国法によって補完される場合，である。

第4文と第6文は，国家法である国内法との関係で重要であり，注目に値する規定である。すなわち，当事者が明示的にPICCを準拠法に指定していない場合でも，当事者が契約に準拠法を規定していない場合は，PICCを準拠法として用いることができるとしている。また，当事者の行う国際取引について適用される国内法を解釈したり，補完するためにPICCを用いることができるとしている。この場合も当事者が明示的にPICCの適用を指示乃至は選択していない場合である。

　ユニドロワ契約原則は，契約法の一般原則の国際リステートメントを目指すものであると，序文に記されている。

2　ユニドロワ契約原則の不可抗力条項

　ユニドロワ契約原則第7.1.7条（Force majeure）は次のように規定している[3]。

(1)　当事者の不履行が自己の制御できない障害によるものであり，且つ契約締結時には当事者がその障害を考慮に入れることも，当該障害の発生又はその影響を回避したり克服することも，合理的に期待できなかったことを当事者が証明した場合は，その不履行は免責される。

(2)　障害が一時的なものにすぎないときは，その障害が契約の履行に及ぼす効果を考慮して，合理的な期間についてのみ免責は効力を有する。

(3)　履行できない当事者は，障害の発生と履行能力に及ぼす効果とを相手方に通知しなければならない。履行できない当事者が当該障害の発生を知り又は知るべきであった時から合理的期間内に，相手方により通知が受領されなかった場合は，その通知の不受領によって生じる相手方の損害に

---

(3) 「不可抗力」はforce majeureの訳である。英米法ではActs of Godである。英米法の履行不能の法理としてはimpossibilityやfrustrationがあるが，何故大陸法のforce majeureが使用されたかという点については，PICC7.1.7条のコメント1によれば国際取引で広く用いられているからであるという。

ついて，履行できない当事者が責任を負う。

(4) 本条は当事者が契約を解除するか，履行を停止するか，又は支払期限到来済みの金銭の利息を請求するか，の権利行使を妨げるものではない。

　本条は，不可抗力による不履行当事者を損害賠償の責任から免責するものである。その不履行は，不履行当事者の制御出来ない障害（impediment）によるものであり，且つ契約時においては障害の発生を予見できないものであり，契約後その障害の発生や影響を回避したり克服できなかった場合である。

　(1)項は全面的な履行不能を(2)項は一時的な履行不能を想定している。いずれの場合も履行が全く不可能であるか又は事実上不可能となる場合である。

　(3)項は不可抗力を援用するための必要的な手順として，相手方への通知を義務付けている。相手方が必要な通知を受領しないで，気付かずに履行を継続してしまうことによる相手方の受ける損害は，通知を怠った当事者の責任となる。

　(4)項において確認されている通り，不履行当事者の相手方，即ち履行を受領していない当事者が，契約を解除する権利等を制限するものではないとされている[4]。

　本条の規定は，UNCITRALの国際物品売買契約に関する国連条約（1980年ウイーン売買条約又はCISG）第79条の免責規定と実質的に同一である[5]。

　本条は，不可抗力の一般的な規定を定めているものである。従い当事者

---

[4] ユニドロワ契約原則第7.1.7条コメント2参照。ここで用いられている「解除権」は "right to terminate" であり「解除」は "termination" である。

[5] ウイーン売買条約 CISG 第79条　免責（Exemptions）にも "impediment" という用語が使用されている。CISG79条の3つの要件である1）自己の支配を越えた障害，2）契約締結時に予見不可能，3）回避又は克服不可能は，PICC7.1.7条のそれと実質的に同一である。

は国際商事契約においてより具体的な規定をおくことは可能である。実際の国際商事契約の不可抗力条項は不可抗力事由（障害）の具体的な列挙がなされており，より詳細な規定となっているものが多い。又不可抗力事由が相当期間継続した場合，いずれの当事者にも契約の解除を認める規定が多く見られる[6]。

3　ユニドロワ契約原則の履行困難 (Hardship) 条項

ユニドロワ契約原則第6章第2節に，履行困難 (Hardship) の項目として3カ条が設けられている[7]。

第6.2.1条（契約の厳守）
　　契約の履行が一方の当事者にとってより不利益となった場合でもなお，その当事者は自己の債務の履行に拘束される。但し履行困難についての次条以下の規定に従う。

第6.2.2条（履行困難の定義）
　　履行困難とは次のような場合をいう。即ち，或る出来事の発生によって，一方の当事者の履行費用が増加してしまうか，又は一方の当事者が受ける履行価値が減少してしまうため，契約の均衡が根本的に変化する場合であって，且つ
　　(a)　契約締結後に，その出来事が発生したか，又は不利益を被る当事者に知られるものとなったこと。

---

[6] 例えば，ICC の標準条項「不可抗力とハードシップ」"Force Majeure and Hardship" ICC Publication No 421 E Force Majeure Clause (exemption) clause 8. を参照。

[7] "hardship" は，そのまま「ハードシップ」と訳されることが多い。例えば，ICC 標準条項「不可抗力とハードシップ」を参照。
　　しかし "hardship" は不可抗力や履行不能とも区別される法理として「履行困難」と訳すのが正しいと思われる。ユニドロワ契約原則第6.2.2条の定義，第6.2.3条の効果，第7.1.7条から自明の通り，"hardship" は "force majeure" 又は不可抗力と，その要件並びに効果が異なるからである。

(b) 契約締結時には，不利益を被る当事者はその出来事を合理的に考慮に入れることができなかったこと。

　　(c) その出来事は不利益を被る当事者の制御の及ばないものであること。

　　(d) 不利益を被る当事者がその出来事について危険を負担していないこと。

第6.2.3条（履行困難の効果）

　(1) 履行困難の場合，不利益を被る当事者は再交渉を要請する権利を有する。その要請は，不当に遅滞することなくなされ且つ要請の根拠となる理由が表明されるものとする。

　(2) 再交渉の要請それだけでは，不利益を被る当事者が履行を停止する権利は，発生しない。

　(3) 合理的な期間内に合意に達しない場合は，いずれの当事者からも法廷に訴えることができる。

　(4) 法廷が履行困難を判定した場合は，法廷は，そうすることが合理的であるならば，

　　(a) 一定の日付と条件で契約を解除することができるか，又は

　　(b) 契約の均衡を回復するべく契約を改訂することができる。

　ユニドロワ契約原則の第6.2.1条は契約厳守の原則を規定するものである。

　「契約は履行しなければならない」"Pacta sunt servanda."は古くから契約法の大原則である。第6.2.1条は先ずそのことを明らかにする。そして契約厳守の例外としての履行困難を位置付けている[8]。

　ユニドロワ契約原則第6.2.2条によれば，事情変更の原則としての履行困難が適用される場合は，かなり例外的な場合に限定される。即ち，履行困難は，契約締結時においては当事者の予見できなかった場合で，当事者の自己の制御の及ばない（自己の支配を越えている）後発の事態が発生して，

契約の均衡が根本的に破壊される場合である。契約の履行は不可能ではないが，一方の当事者にとって契約の履行が重い負担となるか又は無価値となるような，契約の均衡が著しく破壊される場合である。この点履行が全く不可能であるか又は事実上不可能となる第7.1.7条の不可抗力の場合と異なる。履行困難の場合は，契約の均衡が根本的に失われたので，当事者に契約条件の通り履行を厳守せしめたら，信義衡平に反することが基礎となっている。従い，両当事者は誠実に協議をすすめなければならない[9]。

ユニドロワ契約原則第6.2.3条によれば，履行困難の効果は，第一義的には不均衡の是正を計るべく当事者間で再交渉をすることにあり，第二義的には当事者が再交渉に失敗した場合，当事者は法廷（仲裁廷を含む）に持ち込むことができるのであり，その場合法廷は契約の解除又は改訂の救済を与えることができるものである。

以上がユニドロワ契約原則における履行困難に関する規定である。以下履行困難の法的意義について主として英米法の視点から検討する。

4　英米法における履行困難の法理

不可抗力のような履行不能と区別される履行困難の状況に適用される法理としては，英法ではfrustrationが，アメリカ法ではcommercial impracticabilityがある。これらのいずれも日本語の適訳がないので，ここでは前者を「フラストレーション」，後者を「商事実行不能」と呼ぶことにする。

---

[8]　契約厳守の原則はユニドロワ契約原則第1.3条に一般規定として規定されている。
　一般に事情変更の原則はclausula rebus sic stantibusとして論じられている。
　　日本においては，契約法における事情変更の原則に関する文献は多数あるが，代表的な文献として次の2つを掲げたい。
　　勝本正晃『民法に於ける事情変更の原則』（有斐閣，1926年）
　　五十嵐清『契約と事情変更』（有斐閣，1969年）
[9]　ユニドロワ契約原則第1.7条（good faith and fair dealing）同第6.2.3条コメント5を参照。

第5章 ユニドロワ国際商事契約原則における事情変更の原則

実際にフラストレーションと商事実行不能の法理が適用された英米の判例をみると，いずれも履行不能の状況であって，履行困難の事態には1つの判例を除いてほとんど至っていないのである。今迄の判例からみる限りでは，フラストレーション及び商事実行不能は，履行困難というよりはむしろ履行不能の法理であると言ってもよい。

英法においてフラストレーションの法理が確立された道筋を簡単に振り返ってみると，その概要は次の通りである。

英国では古くから契約の厳格な履行が求められてきた。当事者が契約をもって自ら債務を創造したのならば，法令による強制の場合は格別として，たとえ避け難い必要性によって何か事故が発生したとしても，当事者は契約を厳守しなければならないとされた。何故ならば，当事者は，自らの契約に厳守を免れる規定をすることができたにもかかわらず，規定しなかったからであるとされた[10]。

英国では契約の絶対的な厳守は次第に緩和される道をたどった。先ず Taylor v. Caldwell において，契約の目的物がいずれの当事者の責めに帰さない事由により滅失したため，履行不能となった場合に，契約の目的物の継続的な存在が契約の基礎であったという黙示の条項（implied terms）を認定して，当事者を免責とした[11]。

次に，Krell v. Henry の戴冠式ケースにいたり，契約の目的がいずれの当事者の責めに帰さない事由（エドワード七世の病気のため戴冠式は中止）により失われた場合，契約目的の継続的な存在を契約の基礎として認定し，契約目的の喪失により契約は解消したとされた[12]。

ここにいたって契約のフラストレーションの法理が明確となった。しかしながら，英国においてこのフラストレーションの法理は，履行不能の状態には至らない履行困難の事態には，なかなか適用されていないのである。

---

(10) Paradine v. Jane, K.B.（1647）Aleyn 26, 82 Eng. Rep. 897
(11) Taylor v. Caldwell, Q.B.（1863）3 Best & S. 826, 122 Eng. Rep. 310
(12) Krell v. Henry, Ct of App.（1903）L.R.2 K.B. 740

4 英米法における履行困難の法理

　Davis Contractors Ltd. の判例においては，請負業者が自己の責めに帰さない事由によって予期せぬ履行コストが増大したため，契約のフラストレーションを主張したが救済されなかった[13]。また一連のスエズ運河事件においても，スエズ運河閉鎖に伴う契約当事者の負担の増加を，フラストレーションによって救済することはなかったのである[14]。

　次にアメリカ法の商事実行不能の法理については，次の通りである。

　アメリカ法の商事実行不能は，1916年の Mineral Park Company の判例による。このケースは，砂利を採取して買取る契約のうち水面下の砂利については，契約の履行は不可能ではないが，実行可能ではない（not practicable-impracticable）とされた。何故ならば通常手段ではそれを履行することができず，履行すれば莫大な履行コストがかさむからである，とされた[15]。

　Corbin によれば，商事実行不能は履行不能の一つであるとされる[16]。契約法リステートメント（第2）第261条によれば，商事実行不能は契約時には予期していなかった後発の実行不能による債務の消滅（Discharge by supervening impracticability）と定義されている。統一商法典では第2-615条に規定されている[17]。

　アメリカにおいて，事情変更により不利益を受ける当事者が商事実行不

---

(13) Davis Contractor Ltd. v. Fareham Urban District Counsel (1956) A.C. 696

(14) Tsakiroglou & Co Ltd v. Noblee Thorl GmbH, (1962) A.C. 93 ; Ocean Tramp Tankers Corporation V/O Sovfracht, The Eugenia (1964) 2 Q.B. 226 (1964) 1 All ER 161

(15) Mineral Park Land Company v. Howard, 172 Cal. 289 (1916) at 291-293
　　被告は自己が請け負ったコンクリート橋建設のために必要な砂利全量を原告の土地から採取して買取る契約を原告と締結したが，50.131立法ヤードを採取した後，ほぼ同量を他から調達した為，不履行であるとして訴えられたものである。被告は，原告の採取地の採取可能な砂利を採取したもので，水面下の砂利については採取すれば約定価格の10倍から12倍のコスト（乾燥コスト）増となるため，契約の実行は不可能である，と主張したものである。

(16) Corbin on Contracts (0ne Vol.Edition) s1333 at 1111

能を援用して救済された事例は数少ない。IMC v. Llano, Inc.[18]，と Florida Power v. Westinghouse[19]があるが，いずれも履行困難というより履行不能のケースであると言える。

　アメリカにおいては，経済的な履行困難の状況に商事実行不能が認められたのは，有名な Aluminum Company of America v. Essex[20]（以下単に ALCOA 判決という）が唯一のケースである。このケースは，アルミナ精練を引き受けたアルコアが，1970年代の石油危機により電気代が急騰したため履行困難に陥り，商事実行不能を主張し，契約価格（精練代）の改訂

---

(17) UCC 2-615条に，commercial impracticability の要件として３つの要素を規定している。即ち（１）後発の出来事について不利益を被る当事者が格別のリスクを負担していないこと（２）後発の出来事は，契約当時は予期されていなかった こと（３）後発の出来事が発生したため履行が実行不能（impracticable）になったこと。同条の Official Comment 4 によれば，単なるコスト増は固定価格で契約した当事者を免責しない，又市価の上昇や崩壊も免責の正当な事由とならない，とされている。

(18) International Minerals and Chemical Corp. v. Llano, Inc., 770 F. 2d 879（10thCir. 1985）このケースは，IMC が Llano より天然ガスの供給を受ける長期契約をして履行中のところ，ニューメキシコ州の新しい環境規制が施行された。この規制が実施されれば，買主は工場閉鎖または製造プロセスの大幅変更を余儀なくされるものであった。このため買主 IMC の契約履行は UCC2-615条により impracticable となったとされて，買主の免責を認めたものである。

(19) Florida Power & Light Co. v. Westinghouse Electric Corp., 826 F. 2d 239（4th Cir. 1987）これは第１審判決 517 F. Supp. 440（E.D. Va. 1981）を覆したもの。

　このケースは，Westinghouse が Florida Power に原子力発電プラントを売込みと同時に核燃料の供給並びに使用済み燃料の引取りについて長期契約を締結して，当初は順調に履行していたところ，使用済み燃料に関する連邦政府（カーター政権）の方針変更があり（連邦政府―原子力委員会が当初は使用済み燃料の処理を一手に引き受けていたところを中止したもの），Westinghouse が使用済燃料の引取りを拒否したもの。第２審判決は，UCC 第２-615条の商事実行不能を認めて Westinghouse の免責を認めたものである。

(20) Aluminum Company of America v. Essex Group Inc., 499 F. Supp. 53, 29 UCC 1（W.D.Pa..1980）この連邦地裁（第１審）判決は Essex が不服として Third Cir. Court に控訴したものであるが，第２審中に和解により決着したので第１審判決が判例として残ったものである。

が認められた事例である。

アメリカは1970年代から1980年代にかけて2度に亘るエネルギー危機を経験したが、その間エネルギー危機は石油、石油製品、天然ガス、石炭、ウラン等エネルギー商品の供給契約の履行に大きな影響を与えた。このためこの期間においては主として売主（供給業者）が契約の履行が困難になったとして、商事実行不能を主張したのであるが、ALCOA判決を除いていずれも認められていない[21]。

さらに、1980年代から1990年代になると、世界的な石油離れ、OPEC離れがおこり石油価格が下落した。また1986年には石油と天然ガスの価格が急落したため市場は混乱した。この時代に不利益を受けたのは、主としてエネルギー商品の供給を受ける買主の方であった。このため、買主が商事実行不能、或いは不可抗力やフラストレーションを主張して救済を求めたのであるが、1970年代の売主（供給業者）と同様に救済されなかったのである[22]。

このようにアメリカでは、事情変更による経済的困難の状況について、商事実行不能やフラストレーションの法理は、不利益を受ける履行困難の当事者の救済には、役に立たず無力であったと言えよう[23]。

---

(21) Eastern Airlines Inc. v. Gulf Oil Corp., 415 F. Supp. 429 (S.D.Fla.1975); Gulf Oil Corp. v. Federal Power Commission, 563 F.2d 588 (3rdCir. 1977); Iowa Electric Light and Power Co. v. Atlas Corp., 467 F. Supp. 129 (N.D. Iowa 1978) などの判例がある。

(22) 商事実行不能については、Sabine Corporation v. ONG Western Inc., 725 F.Supp. 1157 (W.D.Okl.1989); Northern Indiana Public Service Co. v. Carbon County Coal Co., 799 F. 2d 265 (7thCir.1986); Resources Investment Corp. v. Enron Corp., 689 F.Supp. 1938 (D. Colo.1987) などの判例がある。

　不可抗力については、U.S. v. Panhandle Eastern Corp., 693 F. Supp. 88 (D.Del. 1988) がある。

(23) Stroh, "The Failure of the Doctrine of Impracticability", 5 CORP. L. REV. (1982); Anderson, "Frustration of Contract-A Rejected Doctrine", 3 DE PAUL (1983) L. REV. 1 (1953–54)

第5章 ユニドロワ国際商事契約原則における事情変更の原則

以上見てきたとおり，英国ならびにアメリカの司法法廷においては，フラストレーション及び商事実行不能の両法理ともに，事情変更により不利益を受ける履行困難の当事者を救済していないのである。また，1980年ウィーン売買条約にも，履行困難の規定はおいていない。CISG79条があるが，この規定が履行困難の状況に適用があるかどうかは疑問である。このような状況の下に，ユニドロワ契約原則により契約法における履行困難の普遍的なルールが用意されたことは，大きな意義があるものと言えよう。

5　ユニドロワ契約原則の履行困難（Hardship）の要件

ユニドロワ契約原則第6.2.2条（Hardship）の客観的要件は，契約の均衡の根本的な変化（fundamentally alters）であり，且つ主観的要件は，(a)出来事が契約後に発生又は知れること，(b)出来事を契約締結時には予見できなかったこと，(c)出来事は当事者の制御の及ばないこと，(d)その出来事について危険を負担していないことである。

（1）履行困難の客観的要件

出来事が発生したため不利益を受ける当事者の履行コストが増大するか，又は履行価値が減少して，契約の均衡が根本的に変化すること，が履行困難の客観的要件である。

PICC 第6.2.1条によれば，一方の当事者にとりより不利益となった場合でもなお契約は履行しなければならず，履行困難は認められない。履行困難は契約の均衡が根本的に変化することが要件だからである。

契約の均衡が「根本的に変化」（fundamentally alters）するとはどの程度の変化をいうのか，が問われる。1994年版ユニドロワ契約原則第6.2.2条のコメント1によれば，「根本的」変化とは履行コスト又は履行価値の50％以上に達する場合を目安としている。

前述の通りフラストレーション及び商事実行不能にかかわる英米の判例をみると，これらの法理が履行困難の状況に適用される場合のハードルは

非常に高いのである。英米において履行困難の状況を扱った判例は，フラストレーション又は商事実行不能が主張されてはいるが，ほとんど全ての場合に，適用するためには不十分であるとして認められていないのである。

前述の Mineral Park Company のケースは，砂利採取の対象となる部分のうち水没している部分については，10倍から12倍のコスト（濡れた砂利を乾燥するコスト）を要するもの故，その部分についてのみ商事実行不能が認められたものである。また ALCOA 判決のケースは，石油危機により電気料金が急騰し，ALCOA のアルミナ精錬のコストが通常より5倍以上にもなり，ALCOA の損害の重さ (gravity of harm) は甚大となる故，商事実行不能を認める，とされたものである。因みに ALCOA にはフラストレーションも認められるとされたのである[24]。

尚 ALCOA は重大な損害を受けるのに対して，当時アルミ市況は暴騰していたから契約通りの履行を受領していれば，相手方の ESSEX は望外の利益を受けることになっていた点に注意するべきである。

これら2つのケースを除いて，アメリカの判例はことごとく履行困難の状況に商事実行不能を認めていない。アメリカにも1950年代のスエズ運河閉鎖に伴い判例となったケースは何例かあるが，いずれも商事実行不能を認めていない[25]。例えば，AmericanTrading のケースでは，運送コストが31.6％増大した程度では不十分であり商事実行不能は認められない，認められるためには通常よりも10倍50倍というように極度に不合理な出費 (extreme and unreasonable expense) を要するものでなければならない，とされた[26]。

1970年代から80年代にかけてのエネルギー危機の時代から，80年代から

---

[24] Aluminum Company of America, supra, 29 UCC 1 at 19-21
[25] American Trading and Production Corp. v. Shell International Marine Ltd., 453 F. 2d 939 (2ndCir. 1972); Transatlantic Financing Corp. v. United States, 363 F. 2d 312 (D.C. Cir. 1966); Glidden Co. v. Hellenic Lines, Ltd., 275 F.2d 253 (2d Cir. 1960)
[26] American Trading and Production Corp., supra n.25 at 942

第5章　ユニドロワ国際商事契約原則における事情変更の原則

　90年代の OPEC 離れの時代にいたるアメリカの判例は，契約の履行コストが契約当初に比べて30％から200％の増加となる場合でも，商事実行不能は認めていない。例えば，70年代の Iowa Electric Light and Power のケースでは，ウランイエローケーキの売主の履行コスト増が58.4％となる場合であった[27]。80年代の Sabine Corporation のケースは，天然ガスの買主の履行コストが170％増（又は契約価格は市場価格の2倍以上）となる場合であった[28]。アメリカの判例では，履行困難の状況が余程のことであり，契約条件通り履行すると不利益をうける当事者にとり「重大な不公正」（grave injustice）になるような場合においてのみ，商事実行不能の救済が与えられるのである[29]。

　英国の判例もフラストレーションを簡単に認めないのは同様と言える。スエズ運河事件である Tsakiroglou & Co.,Ltd. のケースでは，売主の CIF 価格の運送コストが希望峰廻りとなるためほぼ2倍増となる場合でも，フラストレーションは認められなかった[30]。Davis Contractors Ltd. のケースでは，請負人の履行コストが約19％増加したものであるが，単なるコスト増ではフラストレーションは認められず，フラストレーションが認められるためには，契約をそのまま履行すると「契約に約定したことと根本的に異なるもの（a thing radically different）」になってしまう様な場合でなければならない，とされた[31]。

　ユニドロワ契約原則により「履行困難」という新しいルールが用意されて，フラストレーションや商事実行不能では救済されない様な，事情変更により生じた履行困難の事態を救済する道が開かれたものと評価したい。PICC 第6.2.2条の履行困難の客観的要件は，かなり厳しいものではある

---

(27) Iowa Electric Light and Power Co., supra n.21
(28) Sabine Corporation, supra n.22
(29) Gulf Oil Corp, supra n.21 at 599
(30) Tsakiroglou & Co, Ltd, supra n.14
(31) Davis Contractors Ltd, supra n.13 at 729

が，フラストレーションや商事実行不能よりも，より緩やかであると言えよう。第6.2.3条の履行困難の効果を見て行くと，履行困難の当事者をより効果的に救済する点が一層明らかになる。今後これらのユニドロワ契約原則の条項を適用した具体的な判例が待たれるところである。

(2) 履行困難の主観的要件

PICC 第6.2.2条によれば，下記のとおり(a)(b)(c)(d) 4 つの累積的要件である。

(a) 契約締結後に出来事が発生するか又は知れること

契約締結時に既にその出来事が発生しているか，又は知れていれば，当事者はその事態を考慮に入れる事ができた筈である。この場合は履行困難とは異なるものになる。即ちそのリスクは自己の負担するべきものとなる。

(b) 契約締結時には出来事を予見できなかったこと

情報統計資料の発達した現代においては，当事者は契約時に出来事の発生は経験的に予見できるかもしれない。しかし，ここでの予見は発生する具体的な出来事の内容とそれが履行に与える影響の程度についてである。

長期契約においては，契約条項として将来の事態の変動要素をもとにして，契約価格等を調整する規定を入れることが行われる。このような調整条項の存在をもって，当事者が出来事を予見したものとされた判例も見受けられる[32]。しかし，事情変更の変動が契約の調整条項により調整できる場合は，それにより調整が行われるから問題がないが，問題は変動が激しく調整条項をもってしても調整できないような場合である。当事者の予測を超えた事態が発生したときは，たとえ契約に調整条項が存在する場合でも，契約時に出来事の発生を予見できなかった場合に該当して，履行困難の救済を受けることができるものであると言えようか。

---

(32) Northern Illinois Gas Co. v. Energy Corporation Inc, 122 Ill. App. 3rd 940, 461 N. E. 2d 1049, 38 UCC 1222（1984）; Kentucky Utilities Co. v. South East Coal Co, 836 SW 2d 392（1992 Ky）などの判例。

(c) 出来事は当事者の制御の及ばないこと

当事者の制御又は支配が及ばないことが要件である。即ち，自己の制御又は支配を越えていることは，客観的な基準であって，自己の責めに帰さない（帰責）事由とは異なるものである。

(d) 出来事について当事者が危険を負担していないこと

上記の(a)(b)(c)は Force majeure の場合と同一要件であるが，ここでの(d)は Force majeure にはない要件である。当事者が出来事の発生について危険を負担していたかどうかは，その旨当事者が明示の意思表示をしていなくても，取引の性質とその条件から，客観的に判定される[33]。

以上 PICC6.2.2条における履行困難の主観的要件は，主観的と言っても，特に(c)において見られるとおり，その基準は客観的である。そこには過失や帰責の要素は見られないのである。

6　ユニドロワ契約原則の履行困難の効果

ユニドロワ契約原則第6.2.3条（履行困難の効果）は，先ず当事者間における再交渉（renegotiation）を規定し，次に法廷（court- この意味については後述する）による契約解除または契約改訂を規定する。

（1）当事者間の再交渉について

PICC 第6.2.3条(1)項は，履行困難の当事者が相手方に対して契約の再交渉を要請する権利を規定している。再交渉の要請は履行困難の事態が発生してから不当に遅滞することなくなされ，且つ再交渉を必要とする理由を述べなければならない。

ここでは再交渉を義務として規定していない。履行困難により不利益を被る当事者が，相手方に対して再交渉を要請する権利，として規定しているものである。相手方は要請がない限り再交渉を行う義務はない。相手方

---

[33] ユニドロワ契約原則第6.2.2条コメント3dを参照。

6　ユニドロワ契約原則の履行困難の効果

は要請がない限り契約条件通り履行を継続しても信義に反するものではなく，自ら進んで再交渉のテーブルに着かなければならないものではない。従いこの再交渉を行う義務は，信義則から直ちに出て来るものではないことは明らかである。

　不利益を被る当事者の要請があってはじめて，相手方に再交渉の義務が発生する。再交渉の要請があった場合，両当事者は，信義に則して（PICC第1.7条）互いに相協力して（PICC第5.3条），不均衡の是正の為に協議しなければならない。

　この点長期契約のドラフティングとして，契約に再交渉義務を規定することに意味がある。
履行困難の事態が発生した場合，契約に再交渉条項や協議条項を規定してあれば，再交渉の義務がいずれの当事者にも出て来るからである。

　第(2)項は，履行困難の当事者が再交渉の要請をなし，契約条件の改訂について相手方と協議を行う再交渉の期間中でも，履行困難の当事者は履行を継続しなければならないことを確認している。契約は履行しなければならないからである。再交渉により契約条件の改訂について合意に至れば，改訂された条件により契約の履行は継続される。

　再交渉の目的は，契約の不均衡を是正して履行を継続することにある。当事者は，通常できるかぎり契約の継続を望んでいるから，再交渉により履行の継続を視野に入れて契約条件の修正について，当事者が協議することに意義がある。例えば，1970年代のエネルギー危機時代におけるウラニウム訴訟において，履行困難に陥り商事実行不能を主張したWestinghouse に対して，原告の電力27社は多額の損害賠償の判決を獲得できたにもかかわらず，非常に寛大な契約条件の修正に応じて和解している。電力27社は，損害賠償金よりもウランの供給継続を希望したものである[34]。

---

(34) In re Westinghouse Electric Corporation Uranium Litigation, 436 F.Supp. 990（J. P.M.D.L. 1977）このケースにおいて Westinghouse 社は当然のことながら commercial impracticability を主張していたが形勢は悪かったのである。

第5章　ユニドロワ国際商事契約原則における事情変更の原則

このように，当事者のビジネス上の必要性から，協議により契約条件の修正が合意されて，修正された条件で契約の履行が継続される可能性は大きいのである。

（2）契約解除について

再交渉により当事者間において契約条件の修正について合意に至らないときは，いずれの当事者も法廷に訴えることができる。法廷は，履行困難を認定した場合で，そうすることが合理的であると判断した場合は，契約を解除することができる（PICC 第6.2.3条3項，4項a）。

ユニドロワ契約原則における履行困難の場合の契約解除（termination）は，法廷が解除日と解除の条件を定めることができるものである。

重大な不履行の場合に許される契約解除（termination）は，ユニドロワ契約原則第7.3.1条以下に規定されているが，その効果は両当事者を未履行債務から免除するものであり，且つ restitution という原状回復を伴うものである。また不履行当事者は損害賠償の責めを免れないのである。履行困難の場合の解除は，重大な契約違反の場合の解除と同一ではない。履行困難の場合は法廷が判断して解除日と解除の条件を定めるからである。また不履行の解除の場合は，不履行でない当事者のみが解除権を有するものであるが，履行困難の解除の場合は，法廷の裁量判断により決定されるものである。

履行困難を認定した法廷が決定する解除の「条件」とは具体的にどのようなものであるか，ユニドロワ契約原則には具体的な規定はない。法廷が定めることのできる解除の条件は，信義衡平に基き法廷の裁量により決定されることになろう。その具体的な条件は，例えば，次の様な内容となろう。

法廷は，(a)フラストレーションや履行不能の場合と同じく契約を解消（discharge）して，当事者を未履行債務から免除することができる。この場合損害賠償の請求は認めない。(b)前払い金や，前渡し商品の返還など

restitution を命じることができる。(c)前払い金とそれを返還する当事者の損失又は費用との相殺又は調整を命じることもできる。(d)契約解消までの相手方の履行により，利益を受けた当事者のその利益（但し経費を差し引く）の支払いを命じることもできる。(e)履行困難により被る当事者の損失を衡平的に当事者間で分担せしめることもできる[35]。

　法廷はこれ等のうちいずれをも命じることができる。これ等は契約の解消に伴う当事者の契約関係の精算手続であるとも言える。(a)乃至(d)は，従来フラストレーションの効果として認められているところに準じて考えられるものであるが，(e)については，注意を要する。当事者の被る損失のうち実コスト又は実損については，両当事者がいわば痛みを分かち合うという衡平的分担を法廷が命じることもあり得る，ということである。その場合損失の当事者間における割り当てについては，法廷が両当事者をとりまく全ての事情を考慮して決定することになろう。法廷は，各当事者の契約上のリスク，それぞれの履行の程度，そのコスト，それにより相手方が受けた利益又は損失，など全ての事情を勘案することになろう。

　このようにユニドロワ契約原則第6.2.3条においては，法廷が解除の「条件」を定めることができることから，法廷の裁量判断はかなり幅の広いものであり，契約を単に解消するだけにとどまらず，その後始末についてさらに一歩踏み込んだ処置をすることができるものと思われる。しかしこの点にかかわる法廷の果たす機能は，次に述べる契約条件の改訂と異なり，司法法廷が従来から果たしている利害調整の機能であると言えるものである。

---

[35] Fibrosa Spolka Akcynja v. Fairbairn Lawson Combe Barbour Ltd. (1943) AC 32, (1942) 2 All ER 122 の判例，The Law Reform (Frustrated Contracts) Act of 1943 の英法，アメリカのUCCに-615，に損失の調整や分担の思想が見られる。衡平的分担については，例えばAmerican Institute of Architects, General Conditions of the Contract for Construction, AIA Doc A201 1987 Edition Art.4 Paragraph 4.3.6 に，これは建設請負契約に適用されるものではあるが，衡平的分担の規定がある。

（3）契約の改訂について

　法廷が履行困難を認め且つ適当であると判断した場合，契約を解除せず，法廷自ら契約条件を改訂（adaptation）することができる。両当事者の契約上の均衡（equilibrium）を回復し履行の継続をせしめるものである（PICC 第6.2.3条3項，4項b）。

　法廷が自ら行う契約の改訂は，契約当事者Aの提示した契約条件A，か契約当事者Bの提示した契約条件Bのうち，A又はBいずれが妥当かという判定ではない。事情の変更に則して，法廷が契約の内容的な価値判断をして，最も妥当であると法廷自ら判定し条件を決定するいわば創造的，創作的なものである。しかし法廷が判定を下すための資料の提出を当事者に求めることはあり得る。また法廷は，判定を下す為に必要な経験則や専門的知識に関する鑑定を職権で求めることもあり得るし，法廷が知得している常識や一般的な経験則を用いることもあり得る。

　法廷が当事者に契約条件の改訂又は修正をするように命じるのでもない。法廷自らが契約条件を決定するのである。この点については司法法廷の裁判官はビジネスについては素人であるから契約条件を自ら決定するのには不適任であるという消極意見と，裁判官は平素から複雑な経済事件を扱っているから，損害の判定，リスクや損失の調整程度のことはできるし，又裁判官は契約の改訂を行うべき立場にあるという積極意見，とがある[36]。

　契約の改訂を行ったALCOA判決の裁判官は，確かに裁判官はビジネスを知らないが後知恵の情報から裁判官もビジネスのことは分かるのであると判決中に述べている[37]。当然この判決の裁判官は契約の改訂につい

---

(36) 消極意見は，Dawson, "Judicial Revision of Frustrated Contracts: United States", 64 B.U.L.REV.1, 17（1984）

　積極意見は，Hillman, "Court Adjustment of Long-Term Contracts: An Analysis Under Modern Contract, 1 DUKE L.J. 1-33（1987）; Speidel," Court Imposed Price Adjustments Under Long-Term Contracts", 76 NW. U.L. REV. 369（1981）

　日本における意見として，森田修「アメリカにおける再交渉義務論と債務転形論」『日本民法学の形成と課題　上』（有斐閣，1996年）541頁。

て積極論者であったと言える。しかしながら，一般に司法法廷は契約の改訂に消極的であり，アメリカの判例ではALCOA判決が契約の改訂を行った唯一のケースである[38]。

したがって多くの場合法廷は自ら契約の修正をするのは差し控えて，当事者に契約条件の修正のため協議を再開し再々交渉をすることを命じるか，或いは契約条件をそのまま確認するのが，通常であろう（PICC第6.2.3条コメント7参照）。法廷が契約の改訂を行うとすれば，そうすることが合理的であると法廷が判断した場合のみ，行うものだからでもある。

ALCOA判決を子細に検討すると，この判決の意義は決して小さくないことが分かる。この判決の裁判官は当事者が争った価格（アルミ精錬代）について，契約上の方程式によるシーリング（最高値）を最高価格とし，長期契約の期間中に定期に適用されるべき価格の決定方式を詳細に定めている[39]。これらの価格条件は当事者の承諾を取得することなしに裁判官が自らの判断で決定したものである。このALCOA判決は，ALCOAの相手方であるESSEXにより控訴されたのであるが，両者は控訴審中に和解により解決している。

ユニドロワ契約原則第6.2.3条(4)項(b)は，法廷にALCOA判決の裁判官の様な積極的な役割を求めるものである。前述の通りALCOA判決の状況は契約の均衡が著しく損なわれたケースであるから，法廷が仮にユニドロワ契約原則を基に判定した場合においても，ALCOA判決と同様の履行困難を認める結論に至っていたものと思われる。しかし，法廷が契約の改訂を行うかどうかは，その法廷の裁量に委ねられるものである。

---

(37) ALCOA, supra n.20, 29 UCC 1 at 29
(38) 英法では裁判官による契約の改訂はあり得ないとされる。Von Mehren, THE CIVIL LAW SYSTEM at 705, 756-57　前掲注（8）五十嵐清「契約と事情変更」21頁。
(39) ALCOA, supra n.20, 29 UCC 1 at 24, 499 F.SUPP. 53 at 80

第5章　ユニドロワ国際商事契約原則における事情変更の原則

（4）法廷について

ユニドロワ契約原則における法廷（court）は，司法法廷のみならず仲裁廷（arbitral tribunal）も含まれる。その旨PICC第1.11条に定義されている。

当事者の紛争処理の内，履行困難の判定，契約の解消とその後始末，或いは契約条件の改訂，修正等については，異論はあるが司法法廷の裁判官よりも仲裁廷の仲裁人の方がより適任であるとも言えよう。司法法廷の場合，国際裁判管轄の問題のほか，法廷地の国際私法により，ユニドロワ契約原則を抵触法としての準拠法として認めないことがありえるからである。又当事者がユニドロワ契約原則を準拠法に指定した場合でも，それが実質法的指定なのか，抵触法としての指定なのか，司法法廷の法廷地によって扱いが異なる場合もありえるからでもある[40]。

仲裁廷ならば，国内法の拘束を受けずにユニドロワ契約原則を用いて判定することが可能であろう。当事者が指定したユニドロワ契約原則を用いて判定した仲裁判断の承認・執行については，1958年ニューヨーク条約上も承認・執行性に問題はないものと考えられる。この点異論はある[41]。

このため長期契約の当事者としては司法法廷よりも仲裁廷を選択した方が，履行困難の救済を受ける可能性が高いとも言えるのである。長期契約の当事者が，契約の準拠法をユニドロワ契約原則とし，紛争処理方法として仲裁を選択しておけば，PICCの履行困難の条項に基づき救済を受ける可能性は高いと言うことができよう。実際問題として仲裁廷の場合には，当事者のビジネスに通じている者が仲裁人に選任されるならば，当事者に

---

(40) PICC前文コメント４．及びPICC1.4と同コメント２参照
(41) 例えば，UNILEX 00.09.1998 ICC Arbitral Award No.9419 など。
(42) Bonell,Michael Joachim, "An International Restatement of Contract Law The UNIDROIT Principles of International Commercial Contracts 3^{d}ed. (incorporating The UNIDROIT Principles 2004)" (Transnational Publishers, Inc. 2005) at 263-300 "Chapter 6 The Use of the UNIDROIT Principles in Practice.
　仲裁廷がPICC 6.2.2-6.2.3について判定している何例かの事例が報告されている。

とり妥当な契約の修正も可能となろう。このような PICC の履行困難の条項を用いた仲裁判断の蓄積に期待したいところである[42]。

7　国際取引と履行困難の展望

　ユニドロワ契約原則は「履行困難（ハードシップ）」という用語を採用した理由として，履行困難条項（ハードシップ・クローズ）が国際契約に多く用いられていることを認め，国際取引慣行において広く知られていることを挙げている[43]。国際取引慣行において広く知られている履行困難（ハードシップ）を，契約原則の一般条項としてルール化したものが第6.2.1条以下の3カ条であると評価することができる。

　ユニドロワ契約原則は一般規定である。国際取引の長期契約における履行困難条項（ハードシップ・クローズ）は，それぞれの取引に応じて，当事者が適宜ユニドロワ契約条項を自由に修正して用いることができるものとして規定されている[44]。

　実際に国際契約に用いられる履行困難の事態に備える条項としては，価格見直し条項や価格調整式による調整条項等がある。その他再交渉条項や協議条項がある。ICC の標準条項「不可抗力とハードシップ」の「ハードシップ」条項は，先ず契約条件の修正のための再交渉又は協議があって，90日以内に契約条件の修正について合意に至らないときは，調停，仲裁又は訴訟に付す旨規定できるようになっている[45]。

　国際契約に規定する履行困難の具体的な条項は，契約の締結時に当事者間の交渉により規定されるものであるが，これらの条項はいずれも契約の履行継続を念頭において起草されている。この点履行不能の不可抗力の場合と異なる。不可抗力の場合は不可抗力事由が一定期間続いたときには，

---

(43)　PICC 第6.2.1条　コメント2を参照
(44)　PICC 前文及び第1.1条等を参照
(45)　前掲注（6）ICC-Force Majeure and Hardship at 18 "Hardship provisions-suggestions"

第5章　ユニドロワ国際商事契約原則における事情変更の原則

いずれの当事者も通知により契約を解除できると規定されることが多い。ICCの標準不可抗力条項もそのように規定されている。

国際契約において履行困難の条項のドラフティングとしては，不可抗力条項の場合と異なり履行困難の状況が継続しても，不利益を受ける当事者が直ちに履行を停止したり契約を解除できると規定することはないようである。当事者としては契約の履行の継続を希望しているからである。そのため契約に規定するとすれば，再交渉条項や協議条項であり，当事者間において再交渉の協議を行い，一定期間内に協議が整わないときは仲裁や調停に付すという規定をおくのが通常なのである。

履行不能には至らない経済的な履行困難を救済する法理は日本法にはない。上記に見てきたように，英米法においてはフラストレーションやcommercial impracticabilityの法理があるが，これらの法理では履行困難の当事者を救済していないのである。この他いくつかの国により履行困難の法理が存在する[46]。しかしそれらの国内法の法理は法廷地の国際私法の準則により，その適用が決定される場合にのみ適用されるから，普遍的な法，ルールとはなり得ない。従い，国際取引に係わる履行困難の問題を解決するためには，国内法よりも普遍的なユニドロワ契約原則の方がより適当であると言えるであろう。

国際契約の当事者がユニドロワ契約原則を準拠法とする合意（又は単に法の一般原則に従うという合意）は，長期契約において有用である。また，当事者がユニドロワ契約原則を準拠法としていない場合でも，司法法廷や仲裁廷がユニドロワ契約原則を適用することができることに注目するべきである。わが国が法廷地の場合，条理であるユニドロワ契約原則が適用さ

---

[46] 五十嵐清『契約と事情変更』（有斐閣，1969年）5頁に，ポーランド債務法，ギリシア民法，イタリア民法，アラブ連合民法などが挙げられている。
[47] PICC前文第4文と第6文並びにそのコメントを参照。
　　筆者はPICCを国際取引にとり有用であると肯定的にとらえているが，否定的意見もあることに注意するべきである。
　　国際商取引学会年報2003年5号129頁を参照。

れる余地は十分あるのである[47]。

第 6 章　契約と事情変更について
―― Economic Hardship をめぐるアメリカ法を中心として

> 1　Economic Hardship の要点
> 2　Commercial Impracticability
> 3　アメリカ判例の動向
> 4　実際的解決の必要性
> 5　実際的解決の具体策について

　契約の中でもとくに履行期間の長いいわゆる長期契約の履行中に，当事者は予期せぬ状況の変化に直面して契約の履行が経済的に困難になることがある。その場合，履行が困難となった当事者は自己の契約不履行について免責を求めて，impossibility（履行不能）や frustration（契約目的の達成不能），そして force majeure（不可抗力）や commercial impracticability（商事履行不能）を主張することになる[1]。

　この章の主題である economic hardship（経済的履行困難）は，契約の履行は不可能ではないが経済的に著しく困難となり契約条件通りの履行ができなくなる場合である。すなわち契約の履行途中において当事者の支配を越える予期せぬ事情の変更があって，当事者がそのまま契約を履行するとその当事者にとって経済的に非常に打撃であり困難となる場合をいう。そ

---

[1] "Economic Hardship" を主張して救済を求める当事者は，ほとんどの場合 "impossibility"，"frustration"，"force majeure"，そして "commercial impracticability" をならべて主張する。しかし本文で述べるとおり，アメリカの判例は Economic Hardship に対して厳しいものがある。履行不能を認める場合は稀なのである。なお契約の履行不能には，原始的不能（約因の不存在，錯誤など）と後発的な履行不能，があるといわれる。ここでは後者，すなわち，契約後の後発的な出来事や事情の変更により，履行が著しく困難となり履行が不能となる場合を取り扱うものである。

第6章 契約と事情変更について

の場合経済的に打撃をうけた当事者は，契約を将来に向かって解除するか，契約条件の変更（多くの場合契約価格や納期の改訂）を求めてくるが，他方の当事者はこれを認めず紛争となるものである。

そこでこの問題について，最近のアメリカの判例を中心に検討し，この問題の具体的な解決方法について検討する。後で見るとおり判例は必ずしも economic hardship に対して好意的ではない。そのため長期契約を締結するにあたっては細心の注意を要するものである。

1　Economic Hardship の要点

Economic hardship の典型的な具体的事例としては次のとおりである[2]。
① ある商品（石油，石油製品，石炭，ウラン，天然ガス，農産品等）の売主が長期売買契約を買主と締結する。
② 売買価格は一定の固定価格であった。
③ その後当事者の予期せぬ市場の混乱（価格の暴落または暴騰等）があって，一方の当事者が契約価格とおりのまま履行すると大損失が発生すると主張して契約の履行を拒否する。
④ 大損失が発生すると主張する当事者は免責か契約価格の改訂を求める。
⑤ 他方の当事者は契約とおりの履行を譲らない。

上記の場合固定価格については，長期契約には価格調整条項がついているのが通常である。しかしその価格調整条項により調整をしてもとても変動に追いつかず，なお大きな損失が発生するというのである。

2　Commercial Impracticability

Impossibility や Frustration についてのコモン・ローおよび衡平法は，アメリカ商事法の補完的一般原則として適用されるものであるが[3]，

---
[2] 北海天然ガスをめぐる最近の事例がある。New York Times D1 Sep.15, 1995 "Enron delays buying North Sea Gas from Phillips" を参照。本書第1章を参照。

2　Commercial Impracticability

economic hardship（経済的履行困難）については，まずcommercial impracticability（商事履行不能）の法理によって論じられる。この法理は履行不能の一種であるとされる[4]。

Commercial Impracticability の法理について，リステートメント（第2）と統一商法典を見てみよう。

（1）Restatement（Second）of Contract 261条

"Impracticability"は，契約当時には予期していなかった，後発の履行不能による免責（discharge by supervening impracticability）である，と定義されている。この後発の履行不能による免責は，単なる履行コストの増大（労賃や原材料コストの上昇）のため履行がより困難となる程度では認められず，優に常態を超えたもの（well beyond the normal range）でなければならない，とされる[5]。

（2）UCC 2-615条

"Commercial Impracticability" は UCC2-615条に規定されている。

当事者が UCC2-615条の救済を受けるためには，次の3つの要素を立証しなければならない[6]。

(i)　後発の出来事について格別にリスクを負担していないこと

(ii)　後発の出来事は，契約当時は発生しないという前提であったこと

(iii)　後発の出来事が発生したため履行ができなくなったこと

（3）UCC1-103条 Supplementary General Principles of Law Applicable.

（4）Corbin on Contracts One Volume Ed. §1333 at 1111

（5）Restatement（Second）of Contracts §261 Comment d, "impracticability".

　　アメリカにおいて "impracticability" を最初に認めた判例は，Mineral Park Land Co. v. Howard, 172 Cal. 289; 156 P. 458（1916），であるといわれる。このケースは，砂利採取買主である Howard が砂利売買の契約をしたが，水面下にある砂利については，約定価格の10～12倍のコスト増となるため，この点についての Howard の契約通りの履行は "impracticable" とされたものである。

（6）UCC2-615条の本文は，売主を主体として規定されているが，同条は買主にも適用される。Official Comment 9. を参照。また買主について同条を適用した判例は多数あるのである。

第6章　契約と事情変更について

この履行の不能性については、単なるコスト増は価格を固定して契約した当事者を免責しない、また、市価の上昇や崩壊も免責の正当な事由とはならない、とされる。契約で価格を約定したのは、これらのリスクを負担したことの意味があるからである、とされる(7)。

このように、リステートメント（第2）と統一商法典によれば、"impracticability"が適用される場合というのは、その要件がかなり厳しいのであり、この法理によってeconomic hardshipが救済される範囲は狭いのである。

3　アメリカ判例の動向

Economic hardshipにかかわるここ最近30年間のアメリカの判例動向を概観すると次のとおりである。

（1）スエズ運河事件の判例

1956年のスエズ運河閉鎖事件は、いくつもの判例を生んだ。その争点は、欧米とアジア（またはペルシャ湾岸）間の物品運送契約の履行が南アフリカ回りを余儀なくされたため、運送コストが増大して契約は履行不能となった、というものであった。

この紛争について英国の判例はfrustrationを認めたものもあるが(8)、アメリカの判例はいずれも履行不能を認めていない(9)。たとえば、

（7）UCC 2-615 Official Comment 4. を参照。Restatement (Second) of Contracts § 261 Comment d. とほぼ同旨である。Official Comment 4. には売主のeconomic hardshipの場合で免責となるいくつかの事例が示されている。

（8）Société Franco Tunisienne d'Armement v. Sidermar S.P.A., [1961] 2 Q.B. 278 (1960)（インド／イタリア間の運送契約）。Frustrationを認めたこの英国の判定は、後日次のOcean Trampによって破棄された。Ocean Tramp Tankers Corp. v. V/O Sorfracht, (The Eugenia), [1964] 2 Q.B.226, 233 (C.A. 1963)

（9）American Trading and Production Corp. v. Shell International Marine Ltd, 453 F.2d 939 (2d Cir. 1972); Transatlantic Financing Corp. v. United States, 363 F.2d 312 (D.C.Cir.1966); Glidden Co. v. Hellenic Lines Ltd, 275 F.2d 253 (2d Cir.1960)

American Trading 対 Shell International において，テキサス・インド間の運送契約について運賃はスエズ運河通過ベースで約定されていたところ，スエズ運河が閉鎖されたため運送は喜望峰廻りとなったために運送コストが31.6％増大した。しかしこの程度の増大ではまだ不十分であり，commercial impracticability は認められない，それが認められるためには通常よりも10倍50倍というように極度に不合理な出費（extreme and unreasonable expense）を要するものでなければならない，とされた(10)。

（2）エネルギー危機の時代（70年代〜80年代）の判例

1973年の Arab Oil Embargo 以来，西側諸国は 2 度にわたるエネルギー危機を経験した。これに伴い70年代から80年代にかけて，アメリカでは石油，石油製品，天然ガス，石炭，ウラン等のエネルギー製品の供給契約の履行に大きな悪影響を及ぼした。このためこの期間においては，主として売主（供給業者）が契約の履行に支障を受けたとして commercial impracticability を主張したものであるが，後述の少数のケースを除いて，その主張はいずれも認められていない。

たとえば，Missouri Public Service Co. 対 Peabody Coal Co.(11) においては石炭の供給契約について，Eastern Airlines Inc. 対 Gulf Oil Corp.(12) においてはジェット燃料の供給契約について，Publicker Indus. Inc. 対 Union Carbide Corp.(13) においてはエタノールの供給契約について，Gulf Oil Corp. 対 Federal Power Commission(14) においては天然ガスの供給契約について，Iowa Electric Light and Power Co. 対 Atlas Corp.(15) においてはウランの供給契約について，それぞれ売主が経済的履行困難をきたしたと

---

(10) 前出注（9）．American Trading at 942
(11) Missouri Public Service Co. v. Peabody Coal Co., 583 S.W.2d 721, 27 UCC 103 (Mo App. 1979), cert. denied 444 U.S. 863
(12) Eastern Airlines Inc. v. Gulf Oil Corp., 425 F.Supp.429 (S.D.Fla. 1975)
(13) Publicker Industries Inc. v. Union Carbide Corp., 17 UCC Rep. 989 (E.D.Pa. 1975)
(14) Gulf Oil Corp. v. Federal Power Commission, 563 F.2d 588 (3rd cir. 1977)

第6章 契約と事情変更について

して救済を求めて commercial impracticability を主張したが,いずれも認められなかった。

いずれの事例も,ある程度の経済的打撃（供給コストの上昇又は収益の減少）を認定しているものの,単に「経済的に負担になるか魅力を失う程度の打撃では不十分であって,免責は認められない[16]」というのが,これらの事例の大勢としての結論であった。

（3）80年代から90年代への判例

80年代は世界的な石油離れ,OPEC 離れのため,原油価格が下落した。1986年には石油と天然ガスの価格が急落したため大きな混乱が発生した。

この時代において経済的に打撃を受けたのは,主としてエネルギー商品の供給を受ける買主の方であった。このため買主が commercial impracticability あるいは force majeure や frustration を主張して救済を求めたのであるが,70年代の売主の場合と同様,認められなかったのである。

たとえば,Sabine Corporation 対 ONG Western Inc.[17] においては天然ガスの take or pay ベースの長期契約について,Northern Indiana Public Service Co. 対 Carbon County Coal Co.[18] においては石炭の長期買取契約について,Resources Investments Corp. 対 Enron Corp.[19] においては天然ガスの take or pay ベースの長期契約について,Langham-Hill Petroleum Inc. 対 Southern Fuels Co.[20] においては燃料オイルの買取契約について,U.S. 対 Panhandle Eastern Corp.[21] においては LNG の買主のなした

---

(15) Iowa Electric Light and Power Co. v. Atlas Corp., 467 F.Supp. 129（N.D. Iowa 1978）

(16) 注(12) Eastern Airlines at 439

(17) Sabine Corporation v. ONG Western Inc., 725 F.Supp.1157（W.D.Okl. 1989）

(18) Northern Indiana Public Service Co. v. Carbon County Coal Co, 799 F.2d 265 （7th Cir. 1986）

(19) Resources Investments Corp. v. Enron Corp, 689 F.Supp. 1938（1987）

(20) Langham-Hill Petroleum Inc. v. Southern Fuel Co, 813 F.2d 1327（4th Cir. 1987）

3 アメリカ判例の動向

運送契約について，それぞれ市価の暴落により打撃を受けたとして，買主が契約価格での引取りあるいは契約通りの履行を拒否して commercial impracticability や for majeure を主張したが認められなかったものである。

契約後の市場の崩壊あるいは変動による economic hardship は force majeure には該当せず救済されないこと[22]，またたとえ契約価格が市場価格の2倍（または買主の履行コストが170％増）相当になったとしても，commercial impracticability とは認定しないものとされた[23]。

(4) 救済を認めた少数の判例

次の3つの事例は commercial impracticability を認めたものである。

(a) ALCOA 対 ESSEX（アルコア判決）[24]

この事例は ALCOA が ESSEX に対して，アルミナを精錬することを約した長期契約を履行中のところ，石油危機に見舞われて電気料金が急騰したため，ALCOA が経済的履行困難を訴えたものである。契約上の価格決定式によると契約価格（精錬代）は当初価格の2倍までにすることができるが，ALCOA の実際のコストは5倍以上になるものとされて，そのまま契約の履行を継続すると ALCOA に75,000,000ドル以上の損失（逆にアルミ市場価格は急騰しているので ESSEX の大幅な利益）が発生する。この ALCOA の損害の重さ（gravity of harm）は甚大で commercial impracticability に相当するものと判定された。

このケースの特長は，裁判官が commercial impracticability を認定したうえ，契約条件の改訂を命じたことにある。近年アメリカの裁判所が契約条件の改訂を命じた唯一のケースであるといわれる[25]。

---

(21) U.S. v. Panhandle Eastern Corp, 693 F.Supp.88（D.Del. 1988）
(22) 前出注(21) Panhandle at 96
(23) 前出注(17) Sabine Corporation at 1177
(24) Aluminum Co of America v. Essex Group Inc, 499 F.Supp. 53, 29 UCC 1 （W.D.Pa. 1980）

第6章　契約と事情変更について

(b) IMC 対 Llano Inc.[26]

IMC が Llano より天然ガスの供給を受ける長期契約をして履行中のところ，ニューメキシコ州の新しい環境規制のため工場閉鎖または製造プロセスの大幅変更を余儀なくされるもので，買主 IMC の契約履行は UCC-615条上 impracticable になったものと判定された。

(c) Florida Power & Light 対 Westinghouse[27]

このケースは，Westinghouse が Florida Power に原子力発電プラントを売り込み，同時に核燃料の供給ならびに使用済み燃料の引取りについて長期契約をして，当初は順調に履行していたところ，使用済み燃料に関して，連邦政府の方針変更があり，Westinghouse が，使用済み燃料の引取りを拒否したものである。当初は連邦原子力委員会が，使用済み燃料の再処理を一手に引き受けていたところ，引取りは中止になったものである。

第1審判決を覆した第2審判決が UCC-615条の impracticability を Westinghouse に認めて免責としたものである。

(5) アメリカ判例動向の総括

今までみてきたとおり，アメリカの法廷は履行困難がよほどのことであり，契約とおり履行すると当事者にとり，grave injustice（重大な不公正）

---

[25] ALCOA 判決については，アメリカの多くのコメンテーターは批判的であり，ALCOA ケースは例外的であるとされる。その理由の1つとして裁判官はビジネスについて訓練を受けていないからであるとされる。John P. Dawson, "Judicial Revision of Frustrated Contracts: The United States" 64 B.U.L.Rev.1, 17（1984）を参照。
　　尚 ALCOA ケースの裁判官は，この点の批判を十分承知のうえ判決を下している。ALCOA の裁判官によれば，裁判官は後知恵（hindsight）でビジネスのことも分るのであると，わざわざ判決中に述べている。

[26] International Minerals and Chemical Corp. v. Llano, Inc. 770 F.2d 879（10thCir. 1985）

[27] Florida Power & Light Co. v. Westinghouse Electric Corp, 826 F. 2d 239（4th Cir. 1987）．この事例は，控訴審判決が第1審判決 517 F.Supp.440（E.D.Va.1981）を覆して判定したものである。

になるような場合にしか，commercial impracticability の救済を認めないのである(28)。この点アメリカの法廷の方針は首尾一貫している。

　コスト増（又は価値減）が契約当初と比較して50％前後から200％程度ならば，重大な不公正とは認定されていない。アメリカでは，ALCOA の例にみるように，少なくとも5倍以上にならないと，grave（重大）とは認められないようである。

　Commercial impracticability を認めた上記の3つのケースにしても，IMC と Florida Power の2つは，政府規制による履行不能の事例であるから，経済的履行困難のケースではない。経済的要因に基づく履行困難を認定した最近の主要なケースは，ALCOA のみということになる。

4　実際的解決の必要性

　アメリカ法と判例動向を見てきたとおり，政府規制による履行不能の場合はともかく，経済的要因による履行不能にはいたらない履行困難（economic hardship）については，ほとんどの場合司法救済を期待することはできないものと言えるのである。

　そこで当事者の現実の問題としては，実際的な解決を心がけなければならないことになる。現実の事業経営は，当然のことながら事業の安定した継続を望むものであり，相手方の不履行に対しても必ずしも大きな損害賠償金を欲しているわけではないと考えられる。訴訟社会と言われるアメリカにあっても，多大な経費と時間をかけて，成算のはっきりとしない訴訟をすることは，事業経営として望ましくないことであろう。そこで例えば，In re Westinghouse Electric Corporation ウラニュウム訴訟(29)をとりあげ

---

(28)　前出注(14) Gulf Oil Corp. at 599

(29)　In re Westinghouse Electric Corporation Uranium Litigation, 436 F.Supp. 990 (J.P.M.D.L.1977) これは注(27)の事例とは別件であるが，この事例において，もし電力27社が和解せずに判決にいたるまで争ったとすれば，電力27社側に分があり，Westinghouse 側の commecial impracticability は認められなかったものと思われる。

第6章　契約と事情変更について

てみると，Westinghouse 側に不履行があったとして，電力27社が Westinghouse を訴えたのであるが，Westinghouse は当然に commercial impracticability を主張したところ，電力27社は多額の損害賠償の勝訴判決を獲得することができたにもかかわらず，寛大な契約条件の変更に応じて，和解しているのである。電力27社は損害賠償金よりもウランの供給継続を選択したものである。

　Westinghouse 事件の和解による紛争解決は示唆的である。電力27社がこの紛争を契約継続の方向で和解により解決したことは，経済的履行困難については，当事者間の実際的な解決の方がより現実的であることを示している。

5　実際的解決の具体策について

　長期契約を締結するにあたり将来の経済的履行困難の事態に備えるための具体策としていくつかの規定を契約に規定しておくことが行われている。
　これらの規定を大別するとおおむね次の2つのものである。
　第一は経済的履行困難にどのように対処するかを定めておく規定
　第二は紛争処理の規定

（1）経済的履行困難に対処するための規定

長期契約に以下の規定のいくつか又はすべてを規定しておくものである。
(a) Price Adjustment or Escalation Clause（価格調整又はエスカレーション条項）

契約当初に定めた契約価格にいついて，契約期間中，定期に（例えば4半期，半年又は毎年）契約価格を調整する基準を定めた決定方式にしたがって，契約価格を調整する規定である。
(b) Price Review Clause（価格見直し条項）

　契約期間中定期に（多くの場合毎年）契約価格の見直しを行う規定である。この条項に基づく合意により契約価格を変更する規定である。

(c)　Hardship or Gross Inequity Clause（履行困難又は甚大な不公平是正条項）

経済的履行困難が発生したときには，契約条件改訂のために，両当事者が再交渉をすることを義務付ける規定である。

将来の事態の発生を予測して，精緻な価格調整方式（市場指数や諸コスト変動の要素をもって調整する方程式）を規定すればするほど，当事者で紛争になった場合，履行不能を主張することが難しくなることに注意するべきである。契約価格の調整について予め合意しておくことが，事態の発生を予見していたこと又はリスクの分担を格別に約定していたこと，と判定されるおそれが十分あるのである[30]。

取引のいっそうのグローバル化と情報メディアの目ざましい発展によって，国際商品の価格動向や需給動向についての相当な情報データは容易に入手可能となり，将来にわたる予測もかなりの精度で立てることが可能となってきた今日においては，市場価格や調達コストの変動に関する予見不可能性（unforeseeability）の主張には，かなりの制約がでてきているものと言えるのである。

また当事者間において契約条件の改訂について，再交渉（renegotiation）を行うという規定は，次に述べる仲裁（或いは調停）の紛争処理条項と抱き合わせると，具体的な経済的履行困難の事態に対処する具体策として効果的になるものと考えられる。

（2）紛争処理（ADR）条項

訴訟手続に代替する紛争処理の条項として仲裁又は調停の条項がある。国際取引における仲裁又は調停は，当該取引業界の仲裁又は調停の機関があれば，それを利用することが望ましい。業界のものが存在しない場合は，ICCやAAAなど常設の仲裁機関でもよい。業界の取引に精通した仲裁人

---

[30]　例えば Northern Illinois Gas Co. v. Energy Cooperative Inc., 122 Ill.App. 3rd 940, 461 N.W. 2nd 1049, 78 Ill. Dec. 215（1984）; Kentucky Utilities Co. v. South East Coal Co, 836 SW 2d 392（1992 Ky）を参照。

第6章 契約と事情変更について

や調停人を選択することができるようにしておくことが望しい。

仲裁人や調停人は，業界の慣習や慣行に則して，経済的履行困難の問題を解決することが期待される。

最後に経済的履行困難の紛争を解決するための準拠法について触れておきたい。一般に国際契約においては，当事者間で合意できるならば契約準拠法を定めておいたほうがよい。契約が法的に安定するからである。

そこで，経済的履行困難の解決について，当事者が合意により選択することのできる普遍性のある準拠法として，ユニドロワ国際商事契約原則（PICC）がある[31]。

1994年版 PICC 第6.2.1条以下に"Hardship"について詳しい規定がある。その定義及び効果についての規定と詳細なコメントがある。要点は，Hardship とは予期せぬ後発の出来事により一方の当事者の履行上経済的均衡が根本的に破壊（fundamentally alter）された場合をいう。根本的な破壊とは同コメントによれば契約の履行コストが50％増となるか履行価値が50％減となる場合をいう。その場合両当事者は再交渉をする，再交渉によって解決できないときは法廷（仲裁廷を含む）に行く，法廷は契約の解除か或いは契約条件の改訂を決定することができる，と規定されている。2004年版 PICC では50％テストは削除されている[32]。

---

[31] UNIDROIT Principles は CISG をも視野に入れて，法の一般原則として規定されており，普遍的な国際契約規範として予定されている。UNIDROIT Principles の前文によれば，これを契約当事者が準拠法として合意してもよし，単に当事者が「法の一般原則による」と合意したときや，「lex mercatoria による」と合意したときや，裁判官（あるいは仲裁人）が約準拠法を決定できないとき，にも適用される。また，ウイーン売買条約など条約を補充する規定としても用いられるここが予定されている。詳細は本書第5章を参照。

[32] 1994年版 UNIDROIT Principles Articles 6.2.1, 6.2.2. 6.2.3 を参照。Art.6.2.2 Comment 2 によれば，履行コスト増の50％以上，履行価値が50％以上の減少，を契約の根本的な破壊としている。50％増減はやや甘すぎるためか2004年版では削除されている。

5 実際的解決の具体策について

　経済的履行困難は今日的な問題である。長期契約の履行途中に思わぬ事態が発生して履行困難に陥る事例は過去にもあったし，今後もありうる。日本企業の直面した履行困難の事例としては，70年代中ごろに発生した砂糖業界の不況のため，長期契約をした日本企業33社が豪州糖の引取りについて履行困難に陥って紛争となった事例は，その典型的なものである。

　長期契約の締結に当たっては，十分に注意して経済的履行困難に対応する諸規定を用意しておくべきであろう。経済的履行困難に対応する規定によって，企業が実際的な解決を計ることができるようにしておくためである。企業の事業経営としては，成算の立たない紛争処理よりも実際的な解決の方が，より現実的であり望ましいからである。

第 7 章 取引における信義誠実の原則

1　取引における信義則の本質
2　契約交渉上及び準備段階における信義則
3　最近の判例にみる契約交渉上及び準備段階における信義則の適用
4　契約交渉上及び準備段階における当事者の法律関係
5　信義則による契約内容の変更又は改訂
6　結　　び

　信義誠実の原則（信義則）は私法関係の基本原則（民法第1条2項）であり，債権関係を支配する大原則であるとされる[1]。

　信義則は，取引（契約）の始めから終わりにいたるまですべての段階において適用があるとされる。それは契約締結，履行，終了などすべての局面に適用され，また契約締結前や終了後についても，信義則により支配されるとされる。今日，取引における信義則の適用は，契約交渉や準備段階も含めて取引全般に及んでいる。必ずしも契約成立に至らない場合でも，信義則が当事者の関係を支配するのを見ることができる。ここに日本法下

（1）信義則の通説などについて下記を参照。
　　鳩山秀夫『債権法における信義則の研究』（有斐閣，1959年）251頁以下
　　我妻栄『新訂民法総則（民法講義Ⅰ）』（岩波書店，1968年）34-35頁
　　我妻栄『新訂債権総論（民法講義Ⅳ）』（岩波書店，1964年）6-7頁，14-17頁，
　　　211頁，215頁，223頁，233頁，237-238頁
　　我妻栄『債権各論上巻（民法講義V_1）』（岩波書店，1954年）33頁以下
　　林信雄『判例に現はれたる信義誠実の原則』（巌松堂書店，1940年）
　　林信雄『法律における信義誠実の原則』（評論社，1952年）
　　谷口知平等『新版注釈民法⑴総則⑴通則・人［改訂版］』（有斐閣コンメンタール，
　　　2002年）73頁以下

第7章 取引における信義誠実の原則

の取引における信義則について,取引の実際も考慮しながら,検討しておきたいと思う。

信義則の適用は公法関係にも及びおよそ法律関係のすべてに適用されているが,ここでの検討は債権関係(取引関係)に限られる。

1 取引における信義則の本質

ここでいう信義誠実は主観的な正直さや誠実さのことではない。現実の取引における信義であり誠実であるから,取引の当事者は互いに相手方の信頼を裏切らないように,誠意をもって行動することにある。それは欧米資本主義社会の発展段階において資本主義の精神として確認されてきたものである[2]。

わが国の判例も通説も信義則は「債権関係を支配する」とする[3]。特に売買のような取引においては,目的物の給付について債権者(買主)と債務者(売主)との債権関係は個別的な債権債務の関係というより,信義則によって有機的に結び合わされた共同体関係であるとする。当事者は互いに相手方に対して,取引の目的を実現するように,相協力する義務を有するというのである[4]。

---

[2] マックス・ウエーバー著(大塚久雄訳)『プロテスタンティズムの倫理と資本主義の精神』(岩波文庫,1989年改訳)による。ピューリタンの職業倫理を説いたベンジャミン・フランクリンは「自伝」中に"Honesty is the best policy"(正直は最良の方策)と「若い商人への助言」を述べており,ウエーバーが引用している。

わが国については,近江商人の商道に相当するものを見ることができる。例えば滋賀県五箇荘の近江商人外村(とのむら)家家訓に「正直は人の道である」とある。また,近江商人の商道である「三方よし」という考え方を評価するとすれば,そこにおいては,信義則が支配しているのを知ることができるのである。

[3] 大正9年12月18日大審院判決・民録26輯1950頁,前掲注(1)鳩山260頁,前掲注(1)我妻〈民法講義Ⅰ〉34頁,前掲注(1)林『判例に現はれたる信義誠実の原則』3頁

[4] 前掲注(1)我妻『民法講義Ⅴ』34頁に「契約の当事者は,単に個々独立の債権債務を負担するだけではなく,そこに一財貨や労働力の移動・配分を担当する,社会的に意義のある1個の共同体を構成するものとして,その関係自体信義則によって規律すべきものとされることを指摘しなければならない」とある。

1　取引における信義則の本質

　取引における信義則は，先ず取引の相手方への配慮，気遣い，心配りのことである。それは，信義則上の注意義務，誠実義務に基づいている。

　例えば，給付を為すにあたり商法520条には取引時間の規定があるが，「此規定によって一般には履行の時刻に制限がないということを知り得るが，しかしこれまた信義の原則によって此原則を補充するべきであって，例えば深夜眠れる人を叩き起して履行の提供を為し又は履行の請求を為しても差支えない趣旨と解すべきではない」のである(5)。相手方の通常の営業時間内に履行するべきことは，信義則の要求するところである。

　次に取引における信義則は，それぞれの状況に合わせて，それにふさわしい具体的な行動を要するのである。相手方の履行に必要な情報の通知や問い合わせがそれである。債務者の履行の提供に対して債権者がそれを受領するに当たり，互いに相協力する具体的な行動を要するのである。必要な情報の報知をしなかったり，問い合わせをしなかったり，相手からの問い合わせに対して何も応答しなかったりすると，信義則に反することになるのである。これら取引当事者が信義則に基づいて行動する義務は，信義則上の協力義務，通知義務，報知義務，説明義務などと言うことができよう(6)。これらの義務に当方が違反すれば，当方の信義則違反である。当方の信義則違反に起因する相手方の遅滞，不履行については，当方に原因があるのであるから，相手方にその責任を問うことはできないのである。

（5）前掲注（1）鳩山272頁
（6）協力義務，通知義務，報知義務，説明義務などは，取引上（契約上）の信義則に基づいた注意義務によっている。同旨は前掲注（1）鳩山314頁を参照。
　　注意義務の注意の基準は，同種の取引における通常の取引当事者としての注意である。この点相手方への配慮，気遣いについての注意義務も同様である。
　　いずれの場合も取引（契約）における信義則違反の当事者の責任は，必要な注意を欠いたことによる責任，即ち過失責任であると考えられる。
　　それは取引関係，契約関係のパートナーである相手方に対する注意義務，忠実義務違反による責任である。取引共同体のパートナーとしての当事者は互いに相手方に対して注意義務，忠実義務を負うと理解することきる。取引関係終了後の競業避止義務なども信義則に基づく注意義務，忠実義務から説明がつく。

第 7 章　取引における信義誠実の原則

　大正9年12月18日の大審院判決と大正14年12月3日の大審院判決は，わが国の信義則の指導判例であるので，この際判例に見る信義則の本質について触れておきたい。

　大正9年大審院判決[7]の判決事実は次の通り明解である。或る不動産の売買について買戻し特約付売買契約をした売主（買戻権者）が，買戻権に基づいて契約代金と契約費用を買主（買戻義務者）に提供して買戻権を行使したところ，契約費用の提供が2円8銭不足しているとして，買主が買い戻しに応じなかった履行拒絶の事例である。

　判決は，売主の提供した契約代金と費用の合計額が，極めて些少の不足あるに過ぎないときは，買主はその不足を理由として買戻しの履行を拒絶できないとした。買主は不足額の弁済を売主に請求できることは勿論であるが，このような僅少の不足があるのを「口実として買戻しの効力を生ぜずというが如きは，債権関係を支配する信義の原則に背反する」から，不足額があるにもかかわらず買戻しの効力は生じるものと判定した。

　判決は，契約費用2円8銭の不足が生じた事情について，この不足は買主が売主に契約の費用額を告げなかったことに起因する，としている。当初売主が買戻しについて代金及び費用の金額を示してその受領を買主に求めたのに対して，買主は契約費用の額を明示することなく，買戻しを拒絶したため，提供に不足額が発生したもの，と判定している。

　判決は固より正当である。信義則上の重要な点は，買主が契約費用の金額を，売主に対して明示せず，告げなかったこと，にある。本件の場合，契約費用は12円8銭であったところ，買主は売主にそれを報知せず，又売主が相当金額である10円を提供したのに対して，買主は金額を明示せずに，いきなり受領を拒んだことに，買主の信義則違反がある。売主は買主の負担した契約費用について買主からの報知がなければ知り得ないのであるか

（7）前掲注（3）を参照。

ら，買主が売主の買戻しに協力して，契約費用の金額を告げていれば不足は発生しなかったものである。買主はこの不足をもって売主の買戻し約款の不履行を主張できないのである。

　大正14年の大審院判決(8)の事実の概要は次の通りである。当時東京市内の肥料商を売主とし千葉県下の肥料商を買主とする肥料の売買契約において，引渡し場所を深川渡しとし5月中引渡しと同時に代金の支払をする旨約し，5月中旬以降売主が深川丸三倉庫に引渡しの準備を整えて，買主に対し通知し物品と引換えに代金支払を請求したところ，買主は応じなかった。そこで売主は買主に対して7日内に履行せられたき旨の催告状を発し，買主がこれを受領しても尚応じないので，売主が契約を解除して目的物の価格下落による損害賠償を請求したのが本件である。
　被告たる買主の言分は売買契約の成立は認めるが，契約には単に深川渡と定めがあり，売主において深川所在の特定の場所を指定することを要するにもかかわらずこれをしないため，引渡場所が確定せず従って代金支払場所も亦定まらないから，買主には遅滞の責任はない，というものであった。
　判決は，本件のように東京の肥料商と地方の肥料商が目的物の引渡場所を深川渡と定めた場合，引渡しは売主指定の深川所在の倉庫又は付近の艀船繋留河岸においてこれを為すとの商慣習に依るところ，売主の引渡場所の指定は必ずしも明示なることを要せず，黙示の場合は勿論買主が既に引渡し場所を知り若しくは知ることを得べかりしときは，特に之を通知しなくても右慣習を具備している，とした。本件においては，仮に買主は売主が深川丸三倉庫において引渡しの準備を完了していることを知らないとしても，「買主において誠実に取引するの意思あらば，相手方に対する一片の問合せに依り直ちに之を知ることを得べかりしものにして，斯かる場合

―――――――――
（8）　大正14年12月3日大審院判決・民集4巻685頁，前掲注（1）我妻『民法講義Ⅳ』
　　233頁，前掲注（1）林『判例に現はれたる信義誠実の原則』49頁以下

第7章　取引における信義誠実の原則

には信義の原則に依り買主は右問合せを為すことを要し，之れを怠りたるにおいては遅滞の責を免るるを得ざるものとす[9]」と判定した。

　この判決も正当である。この判決の信義則上の重要な点は，買主が売主に引渡場所を問合せすれば容易に知ることができたにもかかわらず，問合せをしなかった点にある。信義則上相手方に問い合わせる義務があると判定したことが重要である。本件の場合，売主が深川丸三倉庫において引渡しの準備を完了して提供の通知をし又履行の催告をしたのに対して，買主は売主に一片の問合わせをすれば容易に引渡場所を知り得たのにそれをせず，いきなり受領を拒んだものである。買主の行動は信義側に反するから，この引渡場所の不明をもって売主の履行遅滞を主張することはできず，かえって自己の受領について遅滞の責があるのである。

　以上は債権関係（取引関係）における信義則の本質についての概観である。取引（契約）における信義則の本質は衡平又は公平にある[10]。それは禁反言の原則でもある。相手方の不履行が当方に原因がある場合は，相手方にその不履行の責任を問えないということである。

　このような取引（契約）における信義則は，提供をはじめとする債務の履行，履行遅滞，受領遅滞，事情変更と履行困難など，取引関係の全ての場面に適用される。取引（契約）における信義則はまた，取引関係の終了後においても，又契約締結前の交渉や準備段階においても適用される。

　取引（契約）における信義則は契約解釈の基準になること，を指摘して

---

(9)　大審院判決民集4巻691頁
(10)　衡平，公平が信義則の根源にある。わが国の判例は衡平，公平を信義則の基礎においている。例えば，大審院大正13年7月15日判決（損害賠償請求事件）は「信義公平ノ観念」により，契約解除と催告の相当期間を判定している（大審院民集3巻362頁）。名古屋地裁昭和58年3月14日判決（建物収去土地明渡請求事件）は「公平の観点から」自動改訂条項の無効を判定している（判時1084号112頁）。また神戸地裁伊丹支部昭和63年12月26日判決（土地所有権移転登記手続請求事件）は契約条件を「信義衡平の原則に基づいて変更」させて増額を認めている（判時1319号142頁）。

おきたい。信義則は債権関係を支配する大原則であるから、蓋し当然なことであると言える(11)。

また、わが国における実際の取引においてよく用いられる「誠実協議条項」や「最善努力条項」については、具体的な状況においてその解釈が問題となるが、信義則をもって解釈すればよいことになる。その事例は下記の判例にも見られるとおりである。

2　契約交渉上及び準備段階における信義則

契約締結上の過失はドイツで論じられている問題であるが、わが国では契約の原始的不能の問題として論じられている(12)。

契約上の信義則は契約締結前及び準備段階にも適用される(13)。契約交渉或いは準備段階において、当事者が相手方に取引の必要な情報の開示や説明をしなかったり、情報の開示や説明に誤りがあったような場合であって、これがため契約成立後、相手方が損害を蒙ったような場合、契約交渉或いは準備段階における当事者の信義則をもって律する、というものである。これらの問題を、契約交渉或いは契約準備段階における当事者の協力義務、報知義務、説明義務などの信義則違反として、当事者の責任を決することができるとされているのである。

このような問題において、当初の通説は、信義則の適用については契約関係の存在を前提にしていた。契約上の信義則は契約が有効に成立している場合に、適用するものとされていた(14)。

しかし、その後の通説は契約が有効に存在していたことを必要としていないのである。即ち、契約が成立するに至らなかった場合は、一般の不法行為上の責任に止めるべきであるが、いやしくも契約締結を動機（目的）

---

(11) 昭和32年7月5日最高裁第2小法廷判決・民集11巻7号1193頁
(12) 前掲注1鳩山301頁以下、我妻『民法講義Ⅴ』38-41頁、北川善太郎「契約締結上の過失」『契約法大系Ⅰ契約法総論』（有斐閣、1962年）221頁以下
(13) 鳩山314頁、我妻『民法講義Ⅴ』41-42頁

第 7 章　取引における信義誠実の原則

として契約（交渉）関係に入った以上は，契約上の信義則がその時期に遡って支配するに至ると見るべきであるとする。そして契約上の信義則違反を一種の債務不履行とする[15]。この点についてはこのほか様々な説があり見解が分かれている[16]。

契約交渉或いは準備段階における信義則違反については，事実関係にもよるが（後述の事例参照），実際の取引においては，不法行為でも債務不履行でも，いずれによっても説明がつく状況があり得る。後で見てゆくように判例は様々な事実について，いずれによっても判定しており，どちらとも断定していないのが実情である。

契約交渉上又は準備段階における一方の当事者の信義則違反に起因して発生する相手方の損害については，信義則に違反した当事者の責任の法的性質の問題のほかに，相手方に対する損害賠償の範囲の問題がある。

契約交渉或いは準備段階において信義則違反により相手方の被った損害の損害賠償は，成約に至らなかった場合は，原則として相手方の消極的損害（契約交渉や準備に要した費用等）にとどまり，履行利益の賠償はありえない。しかし，契約が首尾よく成立している場合の損害賠償については，相手方の積極的損害（履行利益の損害）の賠償もありえる，とうのが判例の考え方である[17]。

---

[14] 鳩山315頁に信義則適用の要件は次の通りとされている。
　(1)　契約が有効に成立したこと。
　(2)　契約成立前一方の当事者が契約成立後相手方の蒙った損害に付いて原因を与えたこと。
　(3)　その原因を与えたことに過失があったこと
　(4)　信義側に反すること
[15] 我妻『民法講義Ⅴ₁』41頁
[16] 谷口知平・五十嵐清編集『新版注釈民法(13)債権(4)契約総則』（有斐閣コンメンタール，1996年）84頁以下，北川善太郎『契約責任の研究—構造論—』（有斐閣，1962年）300頁以下，本田純一『契約規範の成立と範囲』（一粒社，1999年）1頁以下等。
　信義則のわが国の契約法と民法学への係わりについては，平井宜雄「契約法学の再構築」ジュリスト1158号〜1160号（1999年）を参照。

3 最近の判例にみる契約交渉上及び準備段階における信義則の適用

契約交渉上又は準備段階における当事者の責任を信義則により判定している最近の注目すべき判例をいくつか見て行き，判例の考え方を整理しておきたい。

（1）東京地裁昭和53年5月29日判決[18]（世界博覧会用映画製作事件）

この事件の事実の概要は次のとおりである。日本政府はアメリカ合衆国ワシントン州における世界博覧会への参加を決定し，日本館の出展準備を被告Y（日本貿易振興会）に委嘱したところ，Y展示部は訴外A（開発センター社）を総合プロデューサーとしてその準備にあたらせ，AはYの承諾を得た上で，原告X（株式会社岩波映画制作所）をセクションプロデューサーとして展示映画の準備を担当させた。

XA間の打合せ会議にY被用者が出席したり，XがX作成の映画製作見積書とロケーション予定表をY被用者に提出したところ受理されたことから，Xは受注できるものと思い自己の判断で既に着手していた映画の撮影を継続し，Y被用者が出席したA主催の打合せ会議において撮影の事実を告げたが，Y被用者はXの撮影については何も発言しなかった。その後Yは日本館構成案を作成しその中にX作成に係わる映画シナリオ案を採用し

---

[17] 契約交渉や準備段階における信義則違反による責任の損害賠償の範囲は，契約が成立していなければ信頼利益の賠償にとどまり，履行利益の賠償を認めないのが判例の考え方である。潮見佳男『契約法理の現代化』（有斐閣，2004年）5-6頁を参照。本章で参照した判例はいずれもそのような考え方をとっている。もっとも平19・2・27最三は，損害賠償の範囲については判定しておらず，原審に差し戻している。

学説は契約が成立していなくても，成約に近い場合は（どの程度近いか事実にもよるが），履行利益の賠償を認める場合もあるとする。本田純一「契約締結上の過失について」『現代契約法大系第1巻』（有斐閣，1983年）211頁を参照。

[18] 判時925号81頁

たので，Xは更に撮影を続行した。ところが，映画製作についてYはXと契約せず他三社と契約を締結したので，XはYに損害賠償を求めて本件訴訟に及んだものである。

　判決は，XY間の当時の関係は契約締結の準備段階に相当し，Xがすでに一部の撮影に着手実行していることをYが知った以上，信義則に照らし，YはXの誤解を誘発するような行為を避けるとともに，XYの関係はいまだ白紙状態にあることを警告するべき注意義務があるとし，Yは右義務を懈怠したとみるべきであり，Yには，いわゆる契約締結上の過失があるから，Xがこれにより被った損害を賠償するべき責任があるとした。

（2）最高裁昭和59年9月18日第3小法廷判決[19]
（歯科医マンション購入事件）

　歯科医である被告Yが，マンション業者の原告Xから四階建て分譲マンションの一階の部分を購入せんとして，Xと交渉を開始し，Yはなお検討するので時間が欲しいとして，Xに10万円支払った。その間YはXにスペースについて注文をつけたり，またレイアウト図を交付するなどした。その後，Yは歯科医院を営むので電気代を大量に消費するがマンションの電気容量はどうなっているのかXに問い合わせたところ，XはYの意向を確かめないまま工事を行い，電気容量の変更契約をしてきたことを，Yに告げた。またXはこれに伴う出費分をマンションの代金に上乗せするとYに伝えたが，Yは何も述べなかった。Yはその後マンション購入資金借り入れ用の必要書類として，Xに見積書の作成を依頼したが，結局のところ，Yは毎月の支払い額が多額になることなどを理由に，マンション購入を断った，というものである。

　原判決は，取引を開始し契約準備段階に入ったのは，一般市民間における関係とは異なり信義則の支配する緊密な関係に立つのであるから，信義

---

[19] 判時1137号51頁，最高裁昭和59年9月18日判決・裁判集民事142号311頁

則上の注意義務に違反して相手方に損害を及ぼしたときは、「契約締結に至らない場合でも、当該契約の実現を目的とする右準備行為当事者間に既に生じている契約類似の信頼関係に基づく信義則上の責任として、相手方が該契約が有効に成立するものと信じたことによって蒙った損害（いわゆる信頼利益）の損害賠償を認めるのが相当である」としている[20]。

最高裁の判決は、原判決の判定したYの契約準備段階における信義則上の注意義務違反を理由とする損害賠償は是認できるとし、双方の過失割合を5割とする原判決の判定を容認したが、最高裁としての独自の判断はしていない。

（3）東京高裁昭和62年3月17日判決[21]（インドネシア木材事業事件）

マレーシア国籍の政治家であり実業家である原告Xは、インドネシアにおいてインドネシア政府からいくつかの林区について木材採取権を付与されていたインドネシア法人の株式の過半数を所有するブルネイ法人3社（インド、JK及びカリマンタン）のほぼ全株式を所有していたところ、日本の総合商社である被告Yを紹介され、Yとのインドネシアにおける木材の共同開発事業を計画した。Yはその木材部担当者を介してXと代理人と昭和48年8月ころから香港、シンガポール、東京にて、数回の交渉を重ねた結果、昭和49年1月東京でXY間において、「ブルネイ法人の50パーセントの株式を、Yが米ドル400万ドルで買い受けること、代金の支払期日は同年4月末日とすること、合弁事業の基本契約を同年2月末までに締結すること、とする基本的な了解」に達した。

このXY間の基本的な了解を確認する書簡がXY間で交わされ、株式売買契約書案、株主間契約書案の案文と議事録などが作成され、合弁事業を推進するために原告のシンガポール事務所の一室を用いることが合意され

---

[20] 同上裁判集民事142号316頁、上告代理人伊藤茂昭の上告理由中の原判決の判旨
[21] 判時1232号110頁
　　原審　東京地裁昭和60年7月30日判決・判時1170号95頁

た。

　ところが，ＸＹ間の基本的了解は実行されず交渉も進展しなかった。Ｘは株式買取り及び共同開発の実行を再三にわたり要求したが，Ｙは実行せずかえって株式買取ではなく資金の貸付の形式にして欲しいとの要請がなされ原告がこれをうけたので，この旨の書簡が作成された。

　ＹはＸとの交渉の対象になっているインドネシア法人ガネカと木材購入契約を結び，約１年間同社から木材を購入したが，Ｘがマレーシア官憲に逮捕されて拘禁される事態が発生したこともあり，銀行との融資借入れの交渉は中断された。結局のところＹによるＸへの貸付けは実行されなかった。

　その間Ｙはガネカの林区についての開発及び工業化に関する合同委員会を設置し，ＸＹの合同調査会が調査を行い，調査報告書が作成されたが，合同委員会は開催されないままに終わった。

　昭和51年３月に至りＹは，経済情勢が変わったので本件融資保証の案件は実行できなくなった，については米ドル20万ドルで和解したい旨申し入れたが，Ｘは拒否して本件訴訟となった。

　Ｘの請求は，１）主位的に，ブルネイ法人株式買入れの契約（本件契約）と木材事業合弁契約（本件協定）の債務不履行による損害賠償米ドル1,000万の支払，２）予備的に，原告の契約締結の期待権を侵害した不法行為による損害賠償21億5,000万円の支払，であった。

　判決は１）主位的請求については，本件契約と本件協定は未だ正式に成立にいたっていないから棄却，２）予備的請求については，ほぼ原告の請求を容認して，次のように判定した。

　「当事者間において契約締結の準備が進捗し，相手方において契約の成立が確実なものと期待するに至った場合には，その一方の当事者としては相手方の右期待を侵害しないよう誠実に契約の成立に努めるべき信義則上の義務があるものというべきであって，一方の当事者が右義務に違反して相手方との契約の締結を不可能ならしめた場合には，特段の事情がない限

り，相手方に対する違法行為として相手方の被った損害につきその賠償の責を負うべきものと解するのが相当である（最高裁判所昭和58年4月19日判決，最高裁判所裁判集民事138号611頁参照）」[22]。

本件については，昭和49年1月東京での交渉の結果ＸＹ間で基本契約と基本協定にいついて基本的了解に達した時点から，互いに誠実に契約の成立に向かって努めるべき信義則上の義務を負うに至った，としている。損害賠償については，原告が本件契約，本件協定に関して負担した交通費，宿泊費，代理人報酬，調査費用，事務所経費，弁護士費用などの消極的損害を認定した。

本件は国際取引であるが，本件契約，本件協定いずれについても，当事者が準拠法を指定していないので，行為地が日本であったとして，日本法を適用して判定している。

（4）東京地裁平成8年12月26日判決[23]
（日光リゾートマンション事件）

本件の原告Ｘは不動産の売買等を目的とする会社であり，被告Ｙは土地の造成分譲及び建売等を目的とする会社であるが，ＸＹ間において，Ｘ所有土地（本件土地）に169戸の分譲リゾートマンションを建築し，ＹがＸからこれを買取り分譲することを目的として，平成2年11月基本協定（本件基本協定）を締結した。本件基本協定には，Ｘはマンション建築の先行行為として本件土地を更地にすること，マンションの開発許可及び建築確認を取得することとし，取得後ＸとＹが相協力してマンションの売買に関して，国土法23条に基づく届出手続を行うことが約定されていた。亦この国土法の手続完了後ＸとＹは本件土地とマンション建物の売買契約（本契約）を締結することとし，売買予定価格と代金支払方法も，本件基本協定に規定されていた。

---

(22) 判時1232号117頁
(23) 判時1617号99頁

第7章　取引における信義誠実の原則

　ところが、Xは本件基本協定で約定した本件土地の更地化、開発許可と建築確認の取得など先行行為の履行を完了して、国土法の届出手続をするためYに協力を求めたが、YはXに協力せず本件事業から撤退したので、Yに信義則上の義務違反ありとして、債務不履行又は不法行為による損害賠償を求めて本件訴訟に及んだ。

　Yの言分は、YがXに協力せず撤退したのは、Yの責めに帰さない事由によるものである、という。即ちXの先行義務の履行が大幅に遅れたので、その間にリゾートマンションの市況も悪化し、銀行借入も困難になり、ついにYが本件事業から撤退することを余儀なくされた、としている。判決は次のように判定した。

　「本件基本協定の成立により原告と被告との間には本契約の締結に向けた緊密な関係が生じ、その後、開発許可及び建築確認の段階にまで進んでいる以上、特段の事情のない限り、本契約が成立するとの合理的な期待を抱かせるに至ったものというべきである。
したがって、この合理的な期待を裏切り、特に正当視する理由もないのに、契約に向けた行為にでることを一方的に拒否することは、契約準備段階にある当事者として信義則上の義務違反に当たるから、その者は、相手方に対して不法行為による損害賠償責任を負うものといわなければならない（最高裁昭和59年9月18日判決・裁判集民事142号311頁、同平成2年7月5日判決・裁判集民事160号187頁参照）。」[24]

　被告の責めに帰さない事由による履行不能又は履行困難の抗弁については、経済情勢や市況の悪化は業者としてYは総合的に検討した筈であり、金融機関の総量規制も公知の事実であるから、予見可能であり本契約の締結を拒む正当な理由とは言えない、として退けている。

---

(24) 判時1617号103頁
(25) 金商1237号7頁、金商1238号13頁

3 最近の判例にみる契約交渉上及び準備段階における信義則の適用

（5）東京地裁平成18年2月13日民事第7部判決[25]
（住友信託銀行対UFJ事件）

1）この事件の事実の概要と経緯は次のとおりである。

平成16年5月21日　UFJホールディング，UFJ銀行，UFJ信託銀行（以下UFJ3社という）は，UFJ信託銀行の住友信託銀行（原告X）への売却を含む事業再編と両グループの業務提携（本件協働事業）に関して，原告Xとの間で基本合意が成立し，原告Xと基本合意書（以下本件基本合意又は基本合意書）を締結した。

基本合意書8条1項には，各事者は「誠実に協議の上，2004年7月末までを目途に協働事業化の詳細条件を規定する基本契約書を締結し，その後実務上可能な限り速やかに，協働事業化に関する最終契約書を締結する。」と，定めている。

基本合意書12条は，その見出しを「誠実協議」とし，その前段において「各当事者は，本基本合意書に定めのない事項若しくは本基本合意書の条項について疑義が生じた場合，誠実にこれを協議するものとする。」と定め，その後段において，「各当事者は直接又は間接を問わず，第三者に対し又は第三者との間で本基本合意書の目的と抵触しうる取引等にかかる情報提供・協議を行わないものとする」と定めている。

平成16年7月13日　UFJ3社は三菱東京銀行（以下三菱東京）に経営統合を申し入れて，原告Xに本件協働事業化の白紙撤回を口頭で伝え，書面で基本合意書の解約を申し入れた。その後UFJ3社は本件協働事業の交渉を原告Xと行わなかった。

7月13日　UFJ3社と三菱東京が統合交渉開始で合意，原告XはUFJ3社と三菱東京との統合交渉の差止を求める仮処分を東京地裁に申立てた。

7月27日　東京地裁はUFJ3社に交渉禁止の仮処分命令，8月11日東京高裁が仮処分命令を取消し，原告Xが最高裁に抗告，8月30日最高裁は抗告を棄却した。

第7章　取引における信義誠実の原則

　　8月30日　UFJ3社は三菱東京と経営統合で基本合意した。
　　10月28日　東京地裁に，原告Xは，UFJ3社の三菱東京との統合交渉差止を求めて，UFJ3社を提訴した。12月13日第1回口頭弁論が実施された。
　　　以下UFJ3社を被告Yと呼ぶ。
　平成17年2月18日　三菱東京と被告Yが統合契約書を締結した。
　　3月7日　原告Xは訴えを変更して，被告Yへの1000億円の損害賠償請求を追加した。
　　10月1日　三菱東京が被告Yを吸収合併して三菱UFJフィナンシャルとなり，三菱UFJフィナンシャルが被告Yの訴訟上の地位を承継した。
　　11月7日　東京地裁で弁論終結した。原告Xは統合差止め請求を取り下げた。
　平成18年2月13日　東京地裁は原告Xの請求を棄却，原告Xは東京高裁に控訴
　　10月　東京高裁が25億円で和解勧告
　　11月　和解成立　三菱UFJフィナンシャルが原告に25億円支払った[26]。

2）平成17年3月7日　東京地裁における被告Yに対する原告Xの損害賠償1,000億円請求の要旨は次のとおりである。

　被告Yが本件協働事業に関する本件基本合意に基づく最終契約を締結する義務に違反したこと，独占交渉義務および誠実協議義務に違反したこと，或いは一方的に本件基本合意を破棄したことにより，原告Xは損害を被ったと主張して，債務不履行又は不法行為に基づく損害賠償として，損害金2,331億円（UFJ信託の評価額）の一部1,000億円と遅延損害金の支払いを，求めたものである。

---

(26) 平成18年（2006年）11月22日日経朝刊4面

3　最近の判例にみる契約交渉上及び準備段階における信義則の適用

3）平成18年2月13日東京地裁の判決の要点は次のとおりである。

平成16年7月13日（被告Yが原告Xに本件協働事業の白紙撤回と本件基本合意の破棄を通告した日）時点において，本件協働事業について最終契約を締結するための必要事項すべてについて両者間で協議がととのっていたとはいえず，被告Yが本件基本合意に基づいて本件協働事業について最終契約を締結する義務を負っていたとはいえない，として次のように判定した。

「本件協働事業化に関する最終契約が成立していない以上，UFJ3社が独占交渉義務及び誠実協議義務を履行していたとしても，同契約の成立が確実であったとはいえず，また，同契約の内容も具体的に確定していなかった本件においては，本件協働事業化に関する最終契約が成立した場合の得べかりし利益（履行利益）は，独占交渉義務違反及び誠実協議義務違反と相当因果関係があるとは認められないから，原告は，被告らに対し，最終契約の成立を前提とする履行利益相当額の損害賠償をもとめることができないものというべきである。」[27]

また不法行為による損害賠償請求についても，同様の理由で請求できないとして退けている。

4）しかし，東京地裁は，被告Yは本件基本合意に基づく独占交渉義務及び誠実協議義務の義務違反による債務不履行責任があるとして，次のように判定している。

「そして，被告らは，独占交渉義務及び誠実協議義務の債務不履行と相当因果関係のある損害について賠償する義務があるというべきところ，原告は，本件において，上記債務不履行と相当因果関係のない履行利益相当額の損害ないしこれを基準に算出した損害額についてのみ主張し，それ以外の損害について，何らの主張立証もしていないから，被告らに独占交渉義務及び誠実協議義務の債務不履行に基づく損害賠償責任を認めることはできない。」[28]

---

(27) 金商1237号27頁
(28) 同上注(27)

第7章　取引における信義誠実の原則

ということは、原告Xが、もし被告Yの独占交渉義務及び誠実協議義務違反による債務不履行を請求原因とし、損害賠償として履行利益（得べかりし利益）ではなく信頼利益（消極的損害）を請求していれば、相当額が認定されていた、ということができるのである。

東京高裁の和解勧告もこのあたりに理由があるのであり、被告Yの承継人三菱UFJフィナンシャルによる25億円の和解金の支払いも、UFJ3社の独占交渉義務及び誠実協議義務違反による債務不履行責任を、反映しているものと言えよう。

5）被告Yが本件基本合意に基づく独占交渉義務及び誠実協議義務に違反したという事実については、東京地裁は次のように認定している。

「平成16年7月13日及び14日、UFJホールディングの玉腰社長が原告の高橋社長と面談し、本件協働事業化の白紙撤回を申し入れているが、UFJ3社は、本件基本合意後、その面談に至る直前まで、原告に対して一貫して本件協働事業化の意向を表明し、その実現に向けた準備作業や交渉をおこなっていたのであり、その交渉過程においても、＜略＞など、UFJ3社に本件協働事業化の実現に影響を及ぼすような事情が発生したことを明らかにしたり、その打開策等について協議、交渉したことは一度もないのであるから、UFJ3社からの申入れは、いわば一方的かつ突然の白紙撤回の通告であったというべきである。さらに、UFJ3社は、上記面談においても、一方的に本件協働事業化の白紙撤回を申入れるだけであって、本件協働事業化を実現できなくなったと判断するに至った原因ないし理由を具体的な根拠等を示して説明したりせず、その解決の可能性や方策等についても、協議、交渉を行っていないのであり、協議、交渉することを妨げるような合理的理由があったとも認められない。

……中略……被告らが主張するような財務状況の悪化等の事情があったにせよ、平成16年7月13日当時、UFJ3社と原告が協議、交渉、を重ねても、UFJグループの経営危機を回避しつつ、本件協働事業化を実現する方法が全くなかったとまでは断定できない。」[29]

このように東京地裁は，交渉相手方である原告Xに対して独占交渉義務及び誠実協議義務を負っている被告Yが，原告Xと誠実に協議せず，原告Xに事情の説明もせず，原告Xと善後策の検討もせず，一方的に白紙撤回を表明した事実を明らかにした上で，「UFJ 3社が独占交渉義務及び誠実協議義務に違反したことは明らかであり，UFJ 3社にはこれらの義務違反による債務不履行責任があるというべきである」と判定している[30]。

（6）最高裁平成19年2月27日第3小法廷判決損害賠償請求事件[31]
（ゲーム機開発製造事件）

本件は国際事件であるが，この事件の概要と判決等は次の通りである。

1）ゲーム機等を販売する米国（何州か不明）の会社であるA（以下「A」という）は，平成8年ころから，米国等のカジノで普及している「パイゴウ（牌九）」と呼ばれるゲーム機に使用する牌を自動的に整列させる装置（以下「本件装置」という）及びその専用牌（以下，本件装置と併せて「本件商品」という）を開発，製造，供給できる日本における業者を探していたところ，Bを介してY（被上告人，被告）が本件商品を開発する業者を手配し，Aに対して本件商品を供給することをYに委託した。これを受け，YはX（上告人，原告）に本件商品の開発を打診した。

本件事実関係によれば，B，Y，Xともに日本の業者であると見られる。Aとの関係については準拠法の問題があるが，本件はXとYとの間の日本国内の取引についての係争として扱われているので，準拠法は問題となっていない。

2）平成9年6月から平成10年8月にいたるまで，Aの代表者C（Aに

---

(29) 金商1237号24頁
(30) 金商1237号25頁
(31) 最高裁ホームページ最高裁判所判例集　事件番号平成17（受）869損害賠償請求事件，平成19年2月27日最高裁第三小法廷判決・判時1964号45頁
　　本件の判例批評として，野澤正充「契約準備段階における信義則上の注意義務違反と損害賠償請求の可否」——最三判平成19・2・27, NBL No. 855, 14頁以下。

より米国から派遣された米国人と見られる）とＹの担当者Ｄ，Ｂ，Ｘ間において，本件商品のＸによる開発，製造，及びＢとＹを介してのＡへの供給販売について，契約締結に向かって取引条件の交渉が日本で行われた。その間Ｘは，Ｃ，Ｄ，或いは，Ａの派遣したＥを通して，本件装置の連続稼動の耐久性，処理速度，安定性，など仕様や性能について指示乃至要請を受けつつ，本件装置を開発し，試作機として，１号機，２号機，３号機を製作し，量産機の開発を完成させた。又Ｘは専用牌製造用の金型も作成した。平成９年12月には，Ｘは本件装置に関する５つの発明について特許出願を行うとともに，特許権の帰属に関して，Ｃとの交渉を続けた。

　3）又その間，Ｘは本件商品の見積書（「本件見積書」という）をＹに，ＹはＸに「牌九開発費支払い確認書」（「本件支払確認書」という）を交付した。さらにＸはＹに対して，Ｘが開発費を負担すること，専用牌の金型代金は，牌の販売利益によって償却すること，本件装置の受注が1,000台以上であれば本件装置の代金は一台20万円とすることなどを内容とする見積書をＹに提出した。

　平成９年12月頃からＸとＹは，本件装置の売買契約について条件交渉を行い，ＹはＸから正式な注文書を発行するように要求を受けて，平成９年12月ＹはＸに本件装置200台を発注することを提案し，本件装置を正式に発注することを口頭で約した。さらに，平成10年１月21日ＹはＸに「発注書」と題する書面（以下「本件発注書」）を作成し交付した。同書には，ＸとＹの合意内容として，Ｘにおいて本件装置1,000台以上及びその専用牌を継続して販売することを目標とし，専用牌の金型代金は，牌の販売利益で償却すること，本件装置100台を１台26万円，専用牌７万組を１組1,500円で発注すること，正式な売買契約書は後日作成すること等の記載があった。しかし本件商品についての具体的納期は定めていなかった。

　ＣもＹ担当者Ｄとの交渉において本件発注書記載の取引条件を了承し，ＹとＡとの間においても，同日付けで同内容の覚書が交わされた。

　4）平成10年３月，Ｘは本件装置の試作３号機２台をラスベガスの展示

会に出展して好評を得た。その後，Xは，Cから要請された作動音の低減化と軽量化の改良を終え，Dの承認を得て，本件装置は量産機として基本的に完成した。そして，Xは，本件装置の部品のうち納期の長いモーターを始め，本件装置100台分の部品等を外部発注して，量産に備えた。

その後Yは，Cからの具体的発注がないことを理由にXに納入スケジュール等を示さなかったため，Xは憤慨しYにしかるべき返答を求めたところ，6月16日YはXに「全自動牌九の取引について」と題する書面（以下「本件条件提示書」という）を送付し，平成10年7月から平成11年4月までの10カ月間本件装置を毎月30台発注すること，その単価を30万円とすることなどを内容とする提案をした。Xはこの提案を本件商品の増加発注及び納入スケジュールの提示であると考え，6月17日単価40万円としたい旨の回答をするなど，以降，XY間で交渉が続いた。

5）平成10年6月末までにXは本件装置の量産機の開発を終えた。Cは7月1日量産機の動作確認を行い，作動音の低減化や軽量化について承認した。

Xは7月までに本件装置の量産機30台及び専用牌3,600組（「7月分商品」という）を製造し，Yに引渡し，Yの指示に従いB宛に納品書及び請求書を発行した。

Xは8月さらに量産機30台を製造した。同様に引渡しが行われたものと見られる。

6）平成10年7月X，Y，A，Bの4社間で，「牌九の条件合意書」と題する書面を作成し，本件装置の単価，専用牌の単価，代金支払い時期などを最終的に合意した。4社はさらに具体的な条項を検討して，同年8月17日までに，4社契約の案文を作成した。

同案文は，本件商品の開発，製造，供給，販売について，4社それぞれの取引の位置として，XからBを経由してYに，YからAに本件商品を販売するべきこと，4社契約締結の月から10カ月間，毎月30台の取引を行うこと，本件商品の仕様，販売価格等が記載されていた。

そして、8月17日4社が4社契約締結のため集まり、会合を持った席上、Cが突然製造済み60台も含めて、本件装置の仕様変更を要求したため、4社契約の締結には至らず、その後の交渉においてもまとまらず、結局のところ、4社契約は4社間で交渉が決裂して締結されなかった。

7) 9月に入り、XがYに納入済みの7月分商品にいついて、代金支払いをYに求めたところ、Yと取引関係にあるGがXに7月分商品代金の一部を支払った。

Xは本件発注書に記載された本件装置100台及びその専用牌の売買契約及び10カ月間、本件装置を毎月30台ずつ発注する旨の基本契約（以下「本件基本契約」という）が成立していた（Xがそのように思っていた）ことを前提に、開発費や納入済みの本件商品の代金等として4,619万円余の支払いを求めるとともに、不払いの場合には、Yの債務不履行を理由として、本件装置100台のうち未製造の40台及びその専用牌についての売買契約及び本件基本契約を解除する旨通知し、その後、XとYとの間の4社契約を前提とする交渉は最終的に決裂した。

本件事件の事実の概要は以上のとおりであるが、原審は、本件基本契約の成立を否定して、原告の主位的請求（XとYとの間で商品の継続的な製造、販売に係わる契約が成立したにもかかわらず、Yが不履行のため、Xにおいて上記契約を解除したところ、これによって商品の開発費、製作費等相当1億5,937万3,000円の損害を蒙ったというもの）を棄却した。

原告の予備的請求（Yには、上記契約の準備段階における信義則上の注意義務違反があり、これによって、上記同額の損害を蒙ったというもの）については、YはCが本件商品の買受を承諾しないのに、Xとの間で本件商品の売買契約を成立させるわけにいかない立場にあったのであるから、YがXとの間で、本件基本契約を締結するに至らなかったとしても、信義則に違反するとまでは認められない、などとして、予備的請求も棄却している。

これに対して上告審である本審は、主位的請求は上告棄却とし、予備的

請求は原判決を破棄して，契約準備段階における信義則上の注意義務違反を認定した上で，注意義務違反によってＸに生じた損害及びその額等について，更に審理を尽くさせるため，原審に差し戻している。

予備的請求について最高裁が原審の判決を破棄して，差し戻した理由は，ＸはＹとの間で本件商品の開発，製造に係る契約が締結されずに開発等を継続することに難色を示していたところ，Ａから本件商品の具体的な発注を受けていないにもかかわらず，ＹはＸに対して本件装置200台を発注することを提案し，本件装置100台を発注する本件発注書を交付したり，本件装置を10カ月間，毎月30台を発注する旨の提案をした本件条件提示書を送付するなどを行った。このため，Ｘは本件装置100台及び専用牌の製造を要する部品を発注し，専用牌を製造するための金型２台を完成させるなど，Ｙの上記行為によって，「ＸがＹとの間で，本件基本契約又はこれと同様の本件商品の継続的な製造，販売に係わる契約が締結されることについて，強い期待をいだいたことには相当な理由があるというべきであり，Ｘは，Ｙの上記各行為を信頼して，相応の費用を投じて上記のような開発，製造をしたというべきである。」[32]とし，「Ｙの上記各行為の内容によれば，これによってＸが本件商品の開発，製造にまで至ったのは無理からぬことであったというべきであり，Ｙとしては，それによって，Ｘが本件商品の開発，製造にまで至ることを十分認識しながら上記各行為に及んだというべきである。したがって，Ｙには，Ｘに対する関係で，契約準備段階における信義則上の注意義務違反があり，Ｙは，これにより上告人に生じた損害を賠償すべき責任を負うというべきである。」[33]と認定している。

4　契約交渉上及び準備段階における当事者の法律関係

前項で契約交渉上及び準備段階において信義則を適用した判例のいくつ

---

(32)　同上注(31)　最高裁判例集10頁
(33)　同上注(31)　最高裁判例集10頁

第7章　取引における信義誠実の原則

かを見てきたが，以下にこれらの判例から言えることをまとめておきたい。

1）事例(1)(2)(3)(4)(5)いずれの場合も，最終契約の締結に至る前の契約交渉又は準備段階において，一方の当事者が自己の都合により交渉を一方的に打ち切り，それまでの交渉で到達していた基本合意或いは了解を破棄している，ものである。

事例(6)は，ゲーム機の開発供給基本契約（4社契約）について，関係当事者間で長期にわたって交渉が行われ契約書案文まで作成されて，契約準備段階の最終局面を迎えていたが，発案者である米国会社が，重大な仕様変更を要求したため，契約締結には至らず，交渉は決裂したものである。

事例(1)世界博覧会用映画製作事件と事例(6)ゲーム機開発製造事件では，当事者の責任は単に信義則上の注意義務違反であるとしている。それが債務不履行責任なのか，不法行為責任なのか法性を明らかにしないまま，当事者の責任を認定しているのであるが，事例(1)と事例(6)はどちらかといえば債務不履行責任と言えよう。

事例(2)の歯科医マンション購入事件は，最高裁が原審の「契約類似の信頼関係に基づく信義則上の責任」との判定をそのまま是認できるとしているので，債務不履行（契約不履行）責任を認定したものと言える。

事例(3)インドネシア木材事業事件では，当事者である原告の主張は被告の不法行為であると主張しているが，それに対して東京高裁は被告の「違法行為」と判定しているところから，被告の不法行為という原告の主張を認めているものと言えよう。

事例(4)日光リゾートマンション事件では，東京地裁は当事者の責任を不法行為責任と判定している。

事例(5)住友信託銀行　対UFJ事件においては，UFJ3社の責任を債務不履行責任と判定している。

2）事例(5)の住友信託銀行対UFJ事件は，事例(1)(2)(3)(4)と事情が異な

る点がある。基本合意書という文書が作成されている点は、事例(3)及び(4)の場合と異なるところはないが、事例(5)では独占交渉義務を基本合意書12条後段で規定していたことである。

この独占交渉義務に違反したとして、原告住友信託銀行がUFJ信託銀行らの三菱東京との統合交渉を差止める仮処分申請及び本訴を提起しているのであるが、東京地裁は、この独占交渉義務は「本件協働事業化に関する最終契約の成立に向けての協議、交渉を行うに当たり、両者が本件基本合意の目的と抵触し得る取引等に係る情報の提供や協議を第三者との間で行わないこと及び両者が誠実に協議を行うことを相互に約したものであって、上記協議、交渉と密接不可分のものであり、協議、交渉を円滑かつ効率的に行い、最終的に成立させるための、いわば手段として定められたものであるといえる」としている(34)。

本件の場合、独占交渉義務も誠実協議義務も、本件基本合意書に明文で規定されていたのであるが、独占交渉義務は当事者間の特約であり、信義則に基づく義務ではない。しかしこの特約は信義則によって補強されていると言えるのである。

独占交渉義務は特約であるから、少なくとも基本合意書において規定するなど書面化が必要であると思われるが、誠実協議義務は特に書面に規定されなくても、交渉当事者に適用される基本原則である信義則上の義務なのである。

3) 事例(6)ゲーム機開発製造事件の、予備的請求に対する最高裁の判定については、Yの信義則上の注意義務違反という最高裁の認定は、結論として妥当と思われる。しかし、損害とその額については、原審に差し戻して、その判定に委ねている。

本件事件の事実は、少なくとも100台については、XとYとの間で売買

---

(34) 金・商 No.1237号23頁

第7章　取引における信義誠実の原則

契約が成立していた，と見るべきであり，そのうち60台は実際に製造され納入されている。又その代金もYの指定した者により一部Xに支払われている。従い本件商品100台については逸失利益も含めた履行利益を損害賠償として認定するのが相当であると思われる。本件装置の開発コストや専用牌の金型コスト及びモーターなどの部品なども本件商品100台の代金に含まれているものと思われるから，支払済代金を差し引いた損害額の残額が損害賠償の額となろう(35)。

　本件発注書記載の取引条件はC（Aの代表者）の承認しているところであり，又YとAとの間でこの売買について覚書が作成されている事実から，Yが100台をXに発注するに当たっては，Aが注文を関知していなかったとは言えない。又たとえAからの注文ないし授権がなかったとしても，YはXに対して本件商品の発注について売主としての責任があるものと考えられる。しかしYのA或いはCに対する求償は，Yの責任においてなされるべきものと考えられる(36)。

---

(35) Yの「本件発注書」とこれに基づくXの製造，Yへの納入という事実から，本件商品100台の売買契約が成立していたと言うことができる。納期の定めがなかったことは，売買契約成立の障害とはならない。「本件条件提示書」については，Yによる本件商品1台30万円の提案（申込）に対して，Xは1台40万円と返答（変更を加えた承諾）をしていたり，その他契約条件について両者間で交渉が行われていることから，売買契約も売買基本契約も成立していないとみることができる。それにもかかわらず，Xは売買契約も売買基本契約も成立していたと信じていたものであり，XはYが契約不履行であるとみて，最後にXはYに解除通知をしているものである。総じて100台は成約しているが，そのほかの契約は成立していない，とみるのが本件事件の事実であろう。

　平成19年9月26日東京高裁の差戻し控訴審判決については，野澤正充「契約準備段階での信義則上の注意義務違反と損害賠償の範囲——東京高判平成19・9・26差戻し控訴審判決」NBL No.871 4頁を参照。

(36) 本件装置の開発製造の継続的取引について，当事者の意図したものは，AのYを介してのXへの委託開発，委託製造・販売であったようであるが，本件商品の売買取引におけるXに対するYの責任は，商法551条以下の問屋，民法117条などにより判定できるものと考えられる。しかしYのA（或いはC）に対する請求については，Yは準拠法と国際裁判管轄などの問題をクリアしなければならない。

4 契約交渉上及び準備段階における当事者の法律関係

　本件条件提示書については，その内容は当初より関係当事者間で交渉を進めてきた本件装置と牌の開発，製造，供給の内容なのであり，4社契約と本件基本契約について，XがYを信頼して契約が成立しているとXをして思わしめるに至っていたものである。当初より，XとYとの間で，本件見積書，本件支払い確認書，などのやり取りがあり，当初から本件装置の開発，製造，販売が計画されて，4社契約の交渉へと進んでいたものである。XはYに対する信頼から，本件条件提示書を本件発注書による注文の追加注文又は本件基本契約に基づく注文であると信じたのであるが，YはXをしてそのように信じさせるに至ったことに，Yの信義則上の注意義務違反があると言える。

　この場合，Xに対するYの信義則上の注意義務違反による損害賠償の範囲は，信頼利益（消極的損害）に限られる。そこには本件商品100台分の商品代金をもってなお回収できていない本件商品の開発，製造に要した費用などがもしあれば，それらも含まれることになろう。

　以上のとおり，最近の注目するべき判例に見る契約締結上及び準備段階における信義則違反の当事者の責任を見てきたが，その法的性質は債務不履行責任か不法行為責任のいずれか，又は，債務不履行とも不法行為とも法性を明らかにしないまま単に信義則上の注意義務違反，というのが判例ルールである。

　実際に行われている取引は，当事者が自由に交渉し，自由に契約を締結したり，自由に締結しなかったりするものであって，通常は相手方に交渉決裂や不締結の責任を問えるものではない。

　しかし，当事者間の契約交渉も回を重ねて深まり，手紙やメールのやりとりもあり，議事録やレターオブインテントなど準備段階における合意文書も蓄積されてきて，ある段階において，基本的な合意に達したような場合は，当事者間で一定の信頼関係が生じており，意図された最終契約へと進む期待感を互いに共有している状況に至っている。

そのような場合，一方的に契約交渉を打ち切り，基本的な合意を破棄する当事者の行為は取引上の信義則違反であるが，その法性は当事者間で積み重ねてきた取引関係からみて，不法行為というよりも債務不履行である。また債務不履行のほうが取引の実態にそくしているとも言えるのである。

総じて，交渉当事者が成約する意思のない（悪意である）場合や故意に成約を妨げるような場合を除いて，契約交渉又は準備段階における信義則違反の責任は，不法行為責任ではなく債務不履行責任とするべきであると考えられる。

5 信義則による契約内容の変更又は改訂

次に，裁判官（或いは仲裁における仲裁人）が信義則により契約内容の変更や改訂を行うことができるのかどうかの点について検討しておきたい。

1）信義則は契約の履行に適用されることは勿論であるが，契約締結後の事情変更による履行困難（履行不能ではない）の状況についても信義則が適用されて，契約条項を解消（失効）させたり，契約条件の改訂又は変更が行われることがある[37]。契約は履行しなければならないのが原則（Pacta sunt servanda）であるから，わが国における事情変更の原則の発動は，立法による場合をのぞいて，慎重になされなければならないとされている[38]。

事情変更の原則の発動の要件は，通説によれば，(i)当事者が予見せず，また予見し得ない著しい事情の変更を生じたこと，(ii)その変更が当事者の責めに帰すべからざる事由によって生じたものであること，(iii)契約の文言

---

[37] 事情変更による行為基礎の喪失の問題にいついては，勝本正晃『民法に於ける事情変更の原則』（有斐閣，1926年），五十嵐清『契約と事情変更』（有斐閣，1969年），契約内容の改訂については，五十嵐清「Ⅳ　契約と事情変更」谷口知平・五十嵐清編『新版注釈民法(13)　債権(4)　契約総則』（有斐閣，1996年）63-84頁，を参照。
[38] 前掲・我妻栄『民法講義Ⅴ₁』25-28頁

通りの拘束力を認めると信義の原則に反した結果となること，などがあげられている(39)。

2）最高裁平成9年7月1日第3小法廷判決（ゴルフクラブ会員権等存在確認請求事件)(40)

これは事情変更の原則の存在を認めてそれを適用するための要件を示したが，事情変更の原則を適用しなかった事例である。

原告である本件ゴルフクラブの会員が当初のゴルフ場経営者と会員権の契約をしたのであるが，当該ゴルフ場の経営は当初の経営者から第一の譲受人へ譲渡され，更にその譲受人から現在の経営者に地位が譲渡されている。本件事件の争点は，原告の会員権契約のうち優先的使用権が，ゴルフ場の斜面の崩壊という事情の変更により消滅したかどうか，にあったところ，最高裁は事情変更の原則を適用するための要件について，「契約締結後の事情の変更が，当事者にとって予見することができず，かつ，当事者の責めに帰することのできない事由によって生じたものであることが必要であり，かつ，右の予見可能性や帰責事由の存否は，契約上の地位の譲渡があった場合においても，契約締結当時の契約当事者についてこれを判断すべきである。」(41)としている。

そして，本件については，自然の地形を変更（谷筋を造成）したゴルフ場を経営する契約締結当時の経営者にとって，特段の事情のない限り，ゴルフ場の斜面に崩壊が生じ得ることについて，予見不可能であったとは言えず，また，これについて帰責事由がなかったと言うこともできないとして，ゴルフ場斜面の崩壊について被告の責任を認めて，原告の請求を容認している。

本件について最高裁は，契約締結当時の文言通りの条件では，被告であ

---

(39) 同上26頁
(40) 民集51.6.2452，判時1617号64頁，判タ953号99頁
(41) 民集51.6.2456

第7章　取引における信義誠実の原則

る現在のゴルフ場経営者にとって酷であり信義則に反することになるかどうかの点に踏み込むまでもなく，予見可能性と帰責事由をもって判定しているものである。従って本件においては，裁判所による契約条件の変更又は改訂にまでは言及されていない。

原告の当初から払い込んでいる預託金は50万円であり，現在の経営者が原告に要求した預託金は1,000万円であるが（原告は支払いを拒否している），当初の経営者からゴルフ場の譲渡を受けた者が130億円の巨費を投じて大規模改修工事をなし且つ新しいクラブハウスを建築している事実から，預託金50万円のままで，改修後のゴルフ場の優先的利用権が認められるとすれば，信義則に反することになるとして，妥当な金額に増額することが許されるかどうかの点については，判定されていないものである。最高裁は原審の「事情変更の結果，当初の契約内容に当事者を拘束することが，信義上著しく不当と認められる」との判定を破棄して，上記の通りに自判したものである。最高裁の判決は，結果として，信義則上不当とは認められない，という判定になっている。

3）事情変更の原則が適用されて，契約条件の変更又は改訂或いは契約条項の失効（無効）を認めた下級審の判例がいくつか出ているので，ここに見ておきたい。

① 名古屋地裁昭和58年3月14日判決（建物収去土地明渡請求事件）[42]

建物建築を目的とした土地貸借契約において，固定資産税額等の増減に対応して地代の額を自動的に改訂する旨の合意がなされていたところ，その後11年間の税額の上昇は毎年2割以上に及び，「計算上の賃料表」によれば自動改訂条項による地代の値上げは，初年度の10倍に達することになった。

土地借主の，事情変更の原則適用による自動改訂条項の失効と，賃料減

---

[42] 判時1084号107頁

額請求に従った賃料の支払いの主張を容れて，名古屋地裁は，近隣の賃料額や鑑定による適正継続賃料額と著しくかけ離れたものとなったことが認められるとして，自動改訂条項に「これ以上当事者を拘束させるのは公平の観点に照らし妥当ではない」とし，借地法に基づいて賃料減額請求権が行使されたのを契機に，「右自動改訂条項は失効したものと解するのが相当である。」と判定している[43]。

裁判所がその裁量により契約条項を失効させた判例である。

② 神戸地裁伊丹支部昭和63年12月26日判決（土地所有権移転登記手続請求事件）[44]

土地の売買予約成立の約20年後に買主が予約完結権を行使した場合について，その間に土地の価格が約23倍も高騰したことから，事情変更の原則を適用して，予約成立時の売買代金額を適正な額に増額することを認めたものである。

判決によれば，「いわゆる事情変更の原則は，主として債権関係を発生させる法律行為がなされた際に，その法律行為の環境であった事情が法律行為の後，その効果完了の前に，当事者の責に帰すべからざる事由によって予見し得ないように変更し，その結果当初の意義における法律効果を発生又は存続させることが信義衡平の原則上不当と認められる場合に，その法律効果を信義衡平に基づいて変更させる」[45]として，裁判所がその裁量により契約金額の改訂を行い，売買代金の適正とする金額を決定した判例である。

③ 東京地裁平成10年2月26日判決（土地賃料改訂請求事件）[46]

建物所有を目的とする土地の賃貸借契約において，固定資産評価額の増額割合に応じて3年ごとに賃料を増額する旨の特約があったところ，固定

---

(43) 同上112頁
(44) 判時1319号139頁
(45) 同上142頁
(46) 判時1653号124頁

資産評価額が前基準年度よりも，692.738％も上昇した場合，事情変更の原則を適用して，賃料増額の特約を無効として，減額した相当額を認定したものである。

判決によれば，右上昇により従来の土地以上のいくらにするかについて，明確な根拠を見出せないとして，本件約定の全体を無効とし，鑑定結果に基づき，平成5年度（前回基準年）の地代を基準に相当額を認定して，減額請求を認容したものである[47]。

本件も裁判所がその裁量により自ら契約条件（賃料）を決定して，契約条件の改訂を行った判例である。

これら3つの判例はいずれも給付義務を伴う長期契約にかかわる事情変更の原則の問題であるが，契約締結後時間が経過する間に，契約環境に著しい事情の変更があり，契約締結当初の契約条件のまま当事者を拘束するとすれば酷であり，信義則に反することになるという，事例である。その場合どの程度の事情の変更があれば，信義則に基づいて契約条件の改訂または変更が許されるのか，が問題である。

これら3つの事例はいずれも契約締結後に契約環境に著しい事情変更があった事例であるが，当初の契約条件による給付がそれぞれ7倍，10倍，23倍にまで至っていたという場合である。これらの判例によれば，当初の契約条件のままでは，このように著しく不均衡であり不公正となる場合に，信義則による契約条件の改訂が許されるとされるのである。それは当初の給付条件に比べて，何倍にもなるという，著しく不均衡，不公正になるような場合である[48]。

4）最後に，事情変更の原則を適用した事例として，いわゆるサブリース契約について，触れておかなければならない。

---

[47] 同上128頁

5 信義則による契約内容の変更又は改訂

　いわゆるサブリース契約の取引は，次のような取引である。土地を持っている地主がいて，ビルを建てるのに必要資金を銀行から借入れをして，地主がビルを建てる，そのビルを大手不動産会社に一定期間（15年とか長期），一定金額の賃料で，リース（賃貸借契約）をする，その不動産会社は，テナント達を募集してビルを転貸する，というものである。当事者間の取引を経済的にみると，地主によるビル建設資金は銀行借入れ金とリースの敷金によっており，銀行借入金はリース賃料を引き当てとしている。リース敷金と賃料は，不動産会社が転貸しテナント達から徴収するビルの転貸し賃料を引き当てとしている。

　本件サブリース契約は，折りしも90年代の不動産バブル崩壊時期にあたり，不動産会社のテナント達への転貸しと転貸の賃料回収が困難となり，不動産会社がビルの貸主（地主）にリース賃料の減額を求め，ビルの貸主（地主）は未払い賃料と利息の支払いを求めて，紛争になったものである。

　サブリース契約の主たる事件は，センチュリータワー対住友不動産事件（以下住友不動産事件）[49]と朝倉修一対三井不動産事件（以下三井不動産事件）[50]の2つである。

　住友不動産事件をみると次の通りである。

---

(48) 平成7年4月12日大阪地裁判決は，土地売買契約の土地価格が当初よりも1/3に下落したものであるが，「信義誠実の原則上著しく不合理と認められるほど変化した場合」とは認められないとして，原告（買主）が請求した事情変更による契約解除を否定している（判タ887号221頁）。

　このほか，かなりの事情変更にもかかわらず，契約条件の変更や失効を認めなかった事例として，平成1年12月12日東京地裁判決（判タ731号196頁　土地建物の時価が4倍に高騰した例），平成1年12月26日神戸地裁判決（判タ734号176頁　賃料の上昇率が3割弱の例），平成10年5月8日東京地裁判決（判タ1008号154頁　地価が当初の35.9％に下落した例），などがある。

(49) 最3判平成15年10月21日民集57巻9号1213頁，金・商1177号4頁，金・商1187号6頁

(50) 最1判平成15年10月23日判タ1087号280頁，金・商1187号21頁

第 7 章　取引における信義誠実の原則

　原審の東京高裁は，サブリース契約の経済的な側面を重く見て，全体を 1 つの事業と考え，建物賃貸借契約とは異なる性質を有する事業委託的無名契約と法性決定して，借地借家法の適用をしなかったものである。
　これに対して，本審の最高裁（第三小法廷）は，本件契約は建物について取引の当事者が合意の上締結した賃貸借契約であるから，本件契約に借地借家法32条の規定も適用される，同法32条 1 項は強行規定であるから，当事者の賃貸借契約に規定されている自動増額条項によってもその適用を排除できない，と判定し，原審判決を破棄し，賃料減額の当否及び相当賃料額について更に審理を尽くさせるために原審に差し戻した。
　この判決には藤田宙靖裁判官の補足意見が付いており，判定にあたり本件契約を通常の建物賃貸借契約と認定したことについて詳細な説明がなされている[51]。この判決は，当事者の合意した条件を規定した契約書を尊重する，正当なものであると評価できるものである。
　三井不動産事件の最高裁（第一小法廷）判決も，住友不動産事件と同様にサブリース契約を建物賃貸借契約と認定して，借地借家法32条 1 項を適用している。そして，同規定による賃料減額請求の当否および相当賃料額を判断するにあたり，当事者が賃料額決定の要素とした事情等，特に一定期間の賃料支払保証等が決定された事情を総合考慮するべきものとして，この点に関する原審判決を破棄して，原審に差し戻している[52]。

　このように，住友不動産事件，三井不動産事件は，借地借家法32条 1 項を適用して，当事者が合意した契約内容を，裁判所が変更することを決定した事例として注目するべきものである。最高裁が事情変更の原則の規定

---

(51) 藤田宙靖裁判官の補足意見は，金商1177号 8 頁，13頁を参照。藤田裁判官は，いわゆるサブリース契約の問題は，民法及び借地借家法の法システムの中で十分解決できるとし，更に「事案によっては，借地借家法の枠外の民法の一般法理，すなわち，信義誠実の原則あるいは不法行為法等々の適用を，個別的に考えて行く可能性も残されている」とされている。
(52) 金商1187号24-25頁

である借地借家法32条1項の適用を決定したことに大きな意義がある。

　そして三井不動産事件の差戻審において，東京高裁は，適正賃料額が従前賃料額の約6割程度に下落していること，当初の収支予測に比して賃貸人の公租公課の負担や銀行借入れの金利負担が減少していること，等の事情から，借地借家法32条1項の規定に基づく賃料減額請求権行使の要件が認められる，と判定し，当初の収支予測に比して減少した公租公課や銀行借入れの金利負担等を考慮して，従前賃料を減額するべきである，と判定している[53]。

　住友不動産事件の差戻し審については，東京高裁において賃料額を減額する和解案が提示されて和解が成立している[54]。

6　結　び

　以上のとおり取引における信義則について，契約交渉や契約締結前の準備段階から，契約締結後の契約履行上の問題として，事情変更の原則による契約内容の改訂にいたるまで，具体的事例の事実の分析に重点をおいて，検討してきた。そこにおいては，当事者間の問題の解決にあたって信義則が適用されて，判定の基準又は基礎とされているのを見ることができるのである。日本法上，信義則の取引への適用範囲は広く又その効果が大きいことに留意するべきである。

　本書において具体的な取引の判例について，判例事実の分析に相当の重点をおいてきたのは，そこにおいて信義則の具体的な適用の実態を見ることができるためである。取引における信義則の適用は，具体的な取引の事実を離れて，抽象的観念的に論じてもあまり意味をなさない，と考えているからである。信義則が具体的な取引においてどのように実現されているかが問われているのである。

　いわゆるサブリース契約にかかわる住友不動産事件と三井不動産事件の

---

(53) 東京高判平成16年12月22日・金商1208号5頁
(54) 日経朝刊2005年12月20日，42面参照

判例は，信義則に基づく判定ではなく借地借家法上の規定を適用した判定であるが，この判例は，借地借家法という特別法を経由して，事情変更の原則を適用して判定した画期的なものであると言えよう。その根底においては信義則が支配していることは言うまでもない。

第8章　ウイーン売買条約における契約責任
——CISG 第25条の fundamental breach について

1　CISG における重大な契約違反（fundamental breach of contract）の規定
2　重大な契約違反（fundamental breach of contract）である場合
3　予見性（foreseeability）——CISG25条但し書
4　立証責任とその他の事項
5　重大な契約違反と契約解除の判例（case law）
6　日本法における債務不履行と契約解除
7　結　び

　ウイーン売買条約（CISG 又は条約）第25条は契約当事者の重大な契約違反（fundamental breach of contract）について規定している。重大な契約違反の定義の規定であるが、ウイーン売買条約上の契約責任についての重要な規定である。一方の当事者に重大な契約違反があった場合、契約違反の当事者に契約違反について正当な事由がないかぎり、被害をうけた他方の当事者を救済するための条約上の救済規定が発動する。被害当事者の条約上の救済としては、契約解除と代替品の引渡を受ける権利、損害賠償などであるが、重大な契約違反とはならない契約違反の場合は、契約解除と代替品の引渡しは条約上救済として用意されていない。当事者の重大な契約違反は、被害を受けた他方の当事者が契約を解除したり、代替品の引渡しを請求するための必要前提条件となっている。
　日本法の場合契約解除権は、不履行当事者の債務不履行により発生する。契約違反は債務不履行であるが、不履行当事者の責に帰すべき事由（帰責事由）を要するものとされている。ウイーン売買条約の法システムにおいては、これから見てゆくように、契約解除に重大な契約違反という客観的な要件があるのみで、過失や帰責は要さないものとされている。

第8章　ウイーン売買条約における契約責任

わが国にウイーン売買条約が発効する2009年8月1日以降は，国内取引と国際取引について，それぞれ異なる法制が存在するということになる。この点内外不一致の状態となる。

ウイーン売買条約がわが国の法となるにあたり，同条約中わが国にとって最も問題があると思われる第25条と関連条文を検討しておくことは，意味のあることであると考える。

1　CISGにおける重大な契約違反（fundamental breach of contract）の規定

CISG第25条は次のように規定している[1]。

「当事者の一方の行った契約違反（breach of contract）は，相手方がその契約に基づいて期待することができたものを実質的に奪う（substantaially to deprive him of what he is entitled to expect under the contract）ような不利益（detriment）を当該相手方に生じさせる場合には，重大なもの（fundamental）とする。

ただし，契約違反を行った当事者がそのような結果を予見せず，かつ，同種の状況の下において当該当事者と同種の合理的な者がそのような結果を予見しなかったであろう場合は，このかぎりでない。」

この規定の前身はULIS10条である。ULIS10条も重大な契約違反（fundamental breach of contract）を規定していたが，当事者の知不知を基準とする規定になっており，余りにも主観的な定義であるとして批判があり，ウイーン売買条約の1978年草案において，草案23条に「実質的な不利益（substantial detriment）」という客観的な基準が提案されて，CISG25条に導入されたものである[2]。

当事者の一方の行った契約違反（breach of contract）がCISG25条の重大な契約違反（fundamental breach of contract）であると判定される契約違反は，相手方である被害当事者の契約上の期待を実質的に奪うような不利益（detriment）を生じさせる場合である，とされている。ここでの契約違反

1 CISGにおける重大な契約違反（fundamental breach of contract）の規定は，具体的には契約上の義務の違反のことであるが，当該契約に規定されている義務，及び当該契約に関わる条約上の義務，の違反のことである。条約上の規定の文言としては，第25条，第74条などの契約違反（breach of contract），第49条，第64条，第79条などの義務の不履行（failure to perform obligation）である。

（1）CISG25条の fundamental breach についての注釈として下記を参照。

John O.Honnold, Uniform Law for International Salees Third Edition（Kluwer Law International 1999）at 204, 325

Peter Schlechtriem, Commentary on the UN Convention on the International Sale of Goods（CISG）（Oxford Univ. Press 1998）at 173, 416 以下このCommentaryをSchlechtriem Commentary（1998）と呼ぶ。

Peter Schlechtriem and Ingeborg Schwenzer,（Ed.）, Commentary on the UN Convention on the International Sale of Goods（CISG）Second English Edition（Oxford Univ. Press 2005）at 281, 576, 663 以下このCommentaryをShlechtriem and Schwenzer Commentary（2005）と呼ぶ。

ペーター・シュレヒトリーム著（内田 貴・曽野裕夫訳）『国際統一売買法　成立過程からみたウイーン売買条約』（社団法人商事法務研究会，1997年）65頁

曽野和明・山手正史『国際売買法』（青林書院，1993年）169頁，193頁，210頁

山田到史子「第Ⅲ部第1章第25条［重大な契約違反の定義］」甲斐道太郎・石田喜久夫・田中英司編『注釈国際統一売買法Ⅰウイーン売買条約』（法律文化社，2000年）186頁

ペーター・シュレヒトリーム（石崎泰雄訳）「契約からの解放」・石崎康雄「統一法秩序から新ドイツ民法典へ」ユルゲン・バセドウ編（半田吉信・滝沢昌彦・松尾 弘・石崎康雄・益井公司・福田清明訳）『ヨーロッパ統一契約法への道』（法律文化社，2004年）195頁，208頁

Franco Ferrari, Harry Flechtner, Ronald A. Brand（Ed.）, The Draft UNCITRAL Digest and Beyond: Cases, Analysis and Unresolved Issues in the U.N. Sales Convention（Sweet & Maxwell/Sellier, European Law Publishers 2004）at 319, 336, 362, 600

John Flemegas,（Ed.）, An International Approach to the Interpretation of the United Nations Convention on Contracts for the International Sale of Goods（1980）as Uniform Sales Law（Cambridge Univ. Press 2007）, at 124, 179, 335, 497

（2）CISG25条の歴史的経緯については Sclechriem and Schwenzer（2005）283-284頁を参照。

第8章　ウイーン売買条約における契約責任

　CISG25条により一方の当事者の契約違反が重大な契約違反であるならば，契約違反の被害当事者である相手方に契約解除権が発生する。売主の重大な契約違反について買主に（CISG49条(1)項(a)号），買主の重大な契約違反について売主に（CISG64条(1)項(a)号），それぞれ契約を解除する（avoidance of contract）ことができる権利が発生する。CISGにおける契約解除は，重大な契約違反という客観的な事実が要件になっており，そこには契約違反の当事者或いは義務の不履行当事者の，過失や帰責の要素は見ることはできないのである。

　CISGなどの条約を解釈乃至補充するものとされるユニドロワ国際商事契約原則（PICC）によれば，契約解除（termination of contract）は重大な契約不履行（fundamental non-performance of contract）の場合に可能となる（PICC Article 7.3.1(2)(a)）。PICCも客観的な基準の規定によっており，CISGと同様解除に不履行当事者の過失や，帰責を要さないものとなっている。

　この場合重大な契約違反は，CISG25条但し書き（unless clause）により，違反当事者と同業の第三者が結果の発生を予見していたことを要する。当該契約違反の当事者の予見と同業の第三者の予見とを必要とする。当該契約違反の当事者と同業の第三者が，契約違反の結果について，予見していなければ，契約違反の当事者の重大な契約違反は認められない，という趣旨である。この点については検討を要するので後述する。

　契約違反が重大な契約違反ではない場合であっても，売主の引渡しがない場合（CISG49条(1)項(b)号）及び買主の代金支払い若しくは引渡し受領の履行がない場合（CISG64条(1)項(b)号），買主又は売主は相手方の履行のために，それぞれ合理的な期間の付加期間の設定をすることが許されている。付加期間が経過してなお履行がない場合，又は履行がないことが明らかな場合は，契約違反の被害を受ける当事者に解除権が発生する。重大でない契約違反は自動的に重大な契約違反になるのである。CISG条文上付加期間の設定は，売主の引渡し遅延や買主の受領遅滞，代金支払い遅延の場合

1　CISG における重大な契約違反（fundamental breach of contract）の規定

にかぎり許されており，不適合品の引渡しの場合には許されていないことに注意するべきである(3)。

　不適合品の引渡しを受けた買主が，代替品（substitute goods）の引渡しを売主に請求することができる場合は，その不適合が重大な契約違反となる場合である(4)。

　買主は，完全な引渡し又は契約に適合した引渡しが行われないことが重大な契約違反となる場合に限り，その契約の全部を解除することができる（CISG51条(2)項）。

　契約違反が重大である場合，当事者間で契約対象の物品について危険負担が売主から買主に移転してしまっている場合でも，買主は，契約違反を理由として許される救済を，請求することができる（CISG70条）。

　相手方が重大な契約違反を行うであろうことが，契約の履行期前に明白である場合は，当事者は契約の解除をすることができる（CISG72条(1)項）。また，物品を複数回に分けて引渡す契約（a contract for delivery of goods by instalments）において，いずれかの部分について義務の不履行があった場合で，将来の引渡し部分について重大な契約違反が生じると相手方が判断する十分な根拠を相手方に与える場合は，相手方は将来に向かって契約の解除の意思表示をすることができる（CISG73条(2)項）。

　CISG のこれらの規定における重大な契約違反は，いずれも，CISG25条の要件を満たしていることを要することは言うまでもない。

（3）付加期間が経過してなお契約違反であれば，重大な契約違反に upgrade される Nachfrist の規定である。当事者の不完全履行の内，売主の non delivery の履行遅滞，買主の受領遅滞，買主の non payment の履行遅滞，という履行遅滞の場合にのみ認められる。Schlechtriem and Schwenzer（2005）at 285
　不完全履行のうち，不適合品又は瑕疵ある物品の引渡し，については，付加期間の規定の適用がないことに注意するべきである。瑕疵又は不適合の治癒，修理については，CISG48条等の規定により処理される。
（4）不適合品の場合，代替品（substitute goods）の引渡しを請求できる場合は，不適合が重大な契約違反である場合である。CISG46条(2)項を参照。

契約違反が重大な契約違反ではない場合は，被害当事者に解除権は認められず，損害賠償など一般の救済に限り与えられる。このように，重大な契約違反と重大ではない契約違反との相違は，救済として解除権が認められるかどうかという差異にある。これは英国法の condition と warranty の差異に相当するものであり参考になる。

2　重大な契約違反（fundamental breach of contract）である場合

前述の通り，CISG25条の重大な契約違反（fundamental breach of contract）は，違反当事者の契約違反が，被害当事者の契約上の期待を実質的に奪うような不利益（detriment）を生じさせる場合である。同条但し書き（unless cause）により，当該契約違反の当事者が契約締結時に結果を予見し且つ同業の第三者も予見していたことを要する。

具体的には，売買の要素をなす物品の表示，数量，価格，引渡し，引渡し条件，代金支払い，支払い方法などの契約条件の義務違反又は不履行が重大（fundamental）であれば，CISG25条の重大な契約違反に該当し，被害当事者に契約解除権が発生する。

売買契約の条件であれば，販売地域，販売先等の販売条件や物品販売に使用される商標使用の条件等も，その義務違反又は不履行が重大（fundamental）であれば，CISG25条の重大な契約違反に該当し，被害当事者に契約解除権が発生する。

引渡しされた物品の瑕疵又は不適合が重大（fundamental）であれば，CISG25条の重大な契約違反に該当する。それ故に瑕疵又は不適合が，重大かどうか，瑕疵ある物品又は不適合品の引渡しが重大な契約違反になるのかどうか，その事実により，検討する。

判例（case law）によれば，品質の不良については，原則として重大な契約違反にならないとされている。物品に瑕疵があっても，まだ使用可能，転売可能であれば，瑕疵は重大とは言えないとされている。瑕疵又は不適

2　重大な契約違反（fundamental breach of contract）である場合

合が修理可能な場合も同様である(5)。

　一方の当事者の契約違反又は契約義務の不履行が，重大な契約違反に該当するかどうかの解釈は，CISG 8条により客観的に決定される。

　解釈の基準は，8条(1)項の当事者の意図，(2)項の相手方と同種の合理的な者が同様の状況の下で有したであろう理解であり，その場合8条(3)項により交渉，当事者間で確立した慣行，慣習及び当事者の事後の行為も含む関連するすべての状況に妥当な考慮を払って，解釈されるものとされている。

　CISG 25条の重大な契約違反の基準は，当事者の契約上の期待権の実質的な奪取という不利益であるから，契約違反又は不履行となる契約条件と，その義務についての被害当事者における（被害当事者にとっての）重要性，必要性，不可欠性に，注目しなければならない。

　当事者の約定した契約条件が，明示的又は黙示的に，重要な必要性或いは不可欠性を示していれば，その契約条件の違反又は義務の不履行は重大な契約違反である。例えば契約条件として当事者の約定に，この条件の厳格な履行は "of essence"（必須の必要性あり）と規定又は表示されていれば，その条件の違反又は義務の不履行は重大な契約違反である。条件の厳格な履行が契約の不可欠の要素であることが，明示的に約定されているからである(6)。

　又当事者の不可欠の約定が明示的になされてない場合でも，状況から黙

---

(5) CLOUT Case No.171, CLOUT Case No.248
(6) PICC Article 7.3.1(2)(b)を参照。
　PICC は Article 7.3.1(2)項(a)–(e)号において契約義務の不履行が重大な不履行になる場合を列挙している。
　(a)号 CISG 25条と同等の規定，(b)号　或る条件の厳格な履行がその契約のもとで不可欠な要素（of essence）であったこと，(c)号　その不履行が故意（intentional）か認識ある過失（reckless）によったこと，(d)号　その不履行により将来の不履行の根拠を与えていたこと，(e)号　契約解除のとき，不履行当事者が準備や履行の結果不均衡な損失を蒙ることになること。

示的な約定が認定されることがある。例えばクリスマス用品などの季節性のある商品の納期を，例えば12月3日と約定していながら売主が期日に引渡しをしなければ，引渡し日を定めた納期は買主にとり重要であるから，売主の重大な契約違反となる[7]。

契約条件そのものから，条件の重要性が判定されることもある。CIF条件の契約で，期日に売主による物品の引渡しがなされない場合，CIF条件の契約は確定日に引渡す（delivery on a fixed date）契約であるから，条件通り契約期日に引渡しがないなら，売主に重大な契約違反があるものとされる[8]。

被害当事者の損害の大きさの程度が，CISG25条の規定する被害当事者の実質的な不利益なのではない。ここでいう実質的な不利益は，被害当事者の損害の大きさにあるのではなくて，被害当事者の不利益（detriment）の重大さにある。被害当事者の不利益の重大さ，重大性は，違反又は不履行となる契約条件及び義務の重要性によって判定される[9]。

契約条件と義務の重要性は，CISG8条により，契約の規定，当事者の交渉，商慣行，取引の状況などから，客観的に判定されるのである。

このようにして，CISG25条上，契約の期待権を実質的に奪う（substantailly deprive of）ような不利益（detriment）が判定されるのである。ここでは「実質的に」という"substantially"の訳は，「多大に」とか「相当に」とかであると，理解した方が分りやすいであろう。

相当に多大な期待権の奪取であるから，マイナーな不利益であれば重大な契約違反とはならない[10]。

（7）UNILEX 20 March 1998, Corte di Appello di Milano, Italy
（8）CLOUT Case No.277
（9）Schlechtriem and Schwenzer Commentary（2005）at 286-287 及び前記注（7），注（8）の判例を参照。
（10）CLOUT Case No.275 を参照。物品を複数回に分割して引渡す（instalments）の契約のうちマイナーな一部の instalment の引渡し義務違反についての判例である。

3　予見性(foreseeability)—CISG25条但し書(unless clause)

　CISG25条の前段本文により判定される重大な契約違反は，CISG25条後段の但し書きにより，被害当事者の不利益の発生という結果について，契約違反当事者の予見並びに同じ状況の下で同業の第三者がなすであろう予見，を条件にしている。もし，結果について契約違反当事者が予見せず且つ同業の第三者が予見しなかったであろう場合は，重大な契約違反は否定される。

　どの時点における予見であるのか条文では明らかでないが，契約締結時の予見であるというのが，通説・判例である[11]。

　CISG25条の但し書きの解釈としては，違反当事者が契約締結時に結果の発生について，予見していなければ，被害当事者の相手方の被害については，重大な契約違反にはならないのであるから免責である，という契約違反の免責を規定したものであるとも解釈できる。そのような解釈は可能であり，実際にそのような解釈が存在してもおかしくはない[12]。

　しかし，CISG25条は前段の本文があり，後段の但し書きがあるという構造からして，CISG25条但し書きの予見性は，CISG25条前段の被害当事者の実質的な不利益（detriment）を解釈するための規定である，という解釈が正しいものと思われる。Schlechtriem教授はそのように解釈している[13]。

　被害当事者にとっての契約条件の重要性，義務の重要性について，契約違反の当事者が契約締結当時から，よく承知又は認識しているなら，その条件や義務に違反すれば，どのような結果になるのか違反当事者に明らかであり，後段の予見性は作動するまでもない，とうことである。また，被害当事者にとっての契約条件や義務の重要性について，契約違反の当事者

---

(11) Schlechtriem Commentary (1998) at 180, CLOUT Case No.275
(12) Schlechtriem Commentary (1998) at 178-179
(13) Schlechtriem and Schwenzer Commentary (2005) at 288-289

がよく承知又は認識しておらず，契約条件や義務の被害当事者にとっての重要性について解釈の余地がある場合は，後段の予見性は作動する，即ち違反当事者の予見性によって，被害当事者の実質的な不利益の重大性を解釈して判定する，ということである。そのような判定は前述のとおりCISG 8 条により客観的になされるのである。

例えば，売主の納期遅延を理由に買主が契約解除をする場合，契約した引渡し時期が買主にとり特別な意味を持っていることが，契約交渉中に売主に伝えられていたのかどうか，約定の引渡し時期が，売主と同業の業者ならば誰でも分る重要な時期（例えば holiday season）であるのかどうか，などを解釈して判定するのである。もし，客観的にみて納期の重要性が明らかになれば，本件の買主の受けた不利益は重大であり，納期遅延は重大な契約違反なのである。

このように CISG25 条但し書きにおける予見性は，CISG74 条の予見性とは異なるのである。CISG74 条の予見性は損害賠償の範囲を決定するためのものであるが，CISG25 条但し書きの予見性は被害当事者の実質的な不利益の重大性を解釈して判定するためのものである。

4 立証責任とその他の事項

CISG25 条但し書き（unless 条項）は，その規定自体が立証責任の配分を規定している。

同条但し書きの予見については，当該違反当事者が契約違反から生じる結果を予見していないこと，即ち，相手方に実質的な不利益が生じるという結果を予見していないこと，を立証することを要する。同時に同業の第三者の予見についても，違反当事者が立証することを要する[14]。

もし，違反当事者が自己と同業第三者について，相手方の不利益の発生という結果を予見していないことを立証することができなければ，CISG

---

[14] CLOUT Case No.171

25条の重大な契約違反は肯定される。

一方被害当事者は，違反当事者の契約違反が自己の契約期待権を実質的に奪われるという不利益が生じていること，を立証しなければならない[15]。

もし被害当事者が，不利益を立証することができなければ，CISG25条の重大な契約違反は否定されるのである。

5　重大な契約違反と契約解除の判例（case law）

重大な契約違反と契約解除の判例（case law）を見てゆきたい。加盟国の司法法廷の判決及び仲裁廷の仲裁判断が判例（case law）なのである。これまでCISG25条と関連するCISG49条，CISG64条等の判例はかなり多数に上っている。ここでは，網羅的ではないが主だったものを取り上げて見てゆきたい。

いくつかの重大な契約違反と契約解除の判例（case law）を，分類してみると次の通りである。

（1）CISG25条の重大な契約違反が認められて契約解除が肯定された判例
　（a）CISG49条(1)項(a)号による契約解除
　（b）CISG64条(1)項(a)号による契約解除
　（c）CISG49条(1)項(b)号，CISG64条(1)項(b)号の付加期間設定の場合
　（d）契約解除が肯定されたその他の判例
（2）不完全履行の場合—場合により重大な契約違反が認められた事例
　（a）一部履行
　（b）履行遅滞，受領遅滞など
　（c）品質不良，瑕疵など不適合の場合
（3）CISG25条の重大な契約違反が認められず，契約解除が否定された

---

[15] ibid

第8章 ウイーン売買条約における契約責任

判例

（1）CISG25条の重大な契約違反が認められて契約解除が肯定された判例

（a）CISG49条(1)項(a)号

CLOUT Case No.90 において，イタリア売主とスイス買主との間のプラステイック製品の売買について，10—15日の引渡し条件で買主が注文をした後2カ月経過してから，売主は買主が注文を確認してくれたら，価格を特定し商品の引渡しを全て1週間以内に行うと約束した。ところが買主が代金を売主に支払った後2カ月経過しても，売主の引渡しはなかった。そこで買主は注文をキャンセルする通知を売主に為し，代金の返還を要求した。売主はキャンセルの通知を受けてから，商品の運送を運送人に寄託したことを，認めており，しかも運送人に寄託した商品は注文の3分の1という一部であった。

イタリア法廷は，買主による注文の確認の時点で両者間の売買契約は成立しているが，売主の引渡し遅滞と一部引渡しは，重大な契約違反であり，CISG49条(1)項(a)号により契約解除が肯定される，と判定した。

本件における事実の状況下においては，CISG49条(1)項(b)号の付加期間の設定を待つまでもなく，売主の重大な契約違反を肯定したものである[16]。

UNILEX 20.03.1998 において，香港売主とイタリア買主との間で編物品の売買について，「引渡:1990年12月3日　支払い条件:米ドル6,000頭金，残額は銀行小切手払い」という条件で契約を締結した。買主は商品の引渡し前に，契約の通り支払い条件を履行したが，売主は引渡しを履行しなかった。引渡し日の経過後買主は注文をキャンセルした。12月14日に売主から，代金の全額を受領したら引渡しをする，とう返事があった。

---

(16) UNILEX24.11.1989, Pretura di Parma-Fienza, Italy

5 重大な契約違反と契約解除の判例 (case law)

　1991年1月に買主は訴えを提起し，契約解除と前金の返還を請求した。

　イタリア法廷は，商品が holiday season に間に合うように，売主が納期を守ることが買主にとり非常に重要なことは，契約締結時から明らかであったから，売主が約定の納期に引渡しを履行しないことは重大な契約違反に相当するとして，契約解除を肯定した。

　引渡し日を守ること，納期を守ること，が買主にとり特別に重要な場合で，売主がそれを予見できる場合に，売主の違反は重大な契約違反になるのである。

　CLOUT Case No.277 において，ドイツ法廷は，インコタームズ CIF Rotterdam 条件の取引について，それは確定日における引渡し (delivery by a fixed date) を約したものである，特定の期日内の引渡しは買主にとりきわめて重要であり，その重要性は契約締結時に，売主は予見していたはずであるから，CIF条件下における納期遅延は重大な契約違反である，と判定した。

　通常の場合，納期遅延は重大な契約違反に相当しないが，CIF条件の契約の場合，納期遅延は重大な契約違反であると，判定されたものである。

（b）CISG64条(1)項(a)号

　CLOUT Case No.308 において，オーストラリア法廷は，オーストラリア買主の財政困難のため，オーストラリア会社法に基づき資産管理人が買主につき任命されたことは，売主にとり契約上の期待権を実質的に奪われる不利益であるから，重大な契約違反であると認定し，売主にCISG64条により契約解除権を肯定した。

（c）CISG49条(1)項(b)号，CISG64条(1)項(b)号の付加期間設定の場合

　売主による売買契約の通常の引渡し義務違反，納期遅延，買主による売買契約の通常の代金支払い遅延，信用状の開設遅滞，商品の引取り受領遅滞などの場合に，合理的期間の付加期間の設定が行われる。この期間に履行がなければ自動的に，契約違反は重大な契約違反となり，解除事由となるものである。具体的事例は多い。

第8章 ウイーン売買条約における契約責任

CLOUT Case No.82, No.136, No.243, No.261, No.275, No.301, No.629など。

(d) 契約解除が肯定されたその他の場合

物品の引渡しや支払いなどの売買の要素の義務ではないが、売買契約のその他の義務の違反、不履行が、契約解除事由となる重大な契約違反と認定された、いくつかの事例は次の通りである。

CLOUT Case No.2 において、買主の商品（靴）の仕様（specifications）と商標（trademark）の独占的製造使用権を、商品の製造者である売主が無断使用（流用）するのは、CISG25条の重大な契約違反であると判定された事例である。

ドイツ法廷によれば、買主にとり商品の仕様と商標使用権の排他的維持がきわめて重要なことは、売主は当然に予見していたはずである、とされた。

CLOUT Case No.107 において、デンマーク売主とオーストラリア買主との間の花の売買について、売主は契約商品である花が夏中咲くという保証又は確約に違反した、それは売主の重大な契約違反であるという理由で、買主が代金支払いを拒否したところ、買主は売主の保証又は確約の存在を証明できていない、として、オーストラリア法廷は買主の主張を否定した。もし、売主の保証又は確約を買主が証明できたならば、売主の重大な契約違反に相当していたものである。

CLOUT Case No.154 において、フランス売主はアメリカ買主と一定数量のジーンズの販売について、販売地域を南米と南アフリカに指定して契約し、売主は契約交渉中も、契約して履行開始後も度重ねて執拗に売り先の仕向地を証明するように、買主に要求していたところ、第2回目の商品引渡しの時に及んで、第1回目の引渡し商品は、スペインに出荷されていることが判明したので、売主はCISG64条(1)項により、契約解除した。

フランス控訴院の判定は、販売地域の指定についての買主の違反は、重大な契約違反であると、というものである。

販売地域の指定という売買の要素以外の売買契約上の義務違反もCISG

5 重大な契約違反と契約解除の判例（case law）

25条の重大な契約違反に認定された事例である。

（2）不完全履行の場合—場合により重大な契約違反が認められた事例
　CISG51条(2)項とCISG73条(3)項は，ウイーン売買条約における不完全履行の場合でも，重大な契約違反が認められて，契約解除が肯定される場合を規定している。一部履行，一部不履行，履行遅滞，受領遅滞や，瑕疵，不適合，品質不良等など，具体的にどのような場合に，重大な契約違反が判定されるのか，この問題に関する判例を見てゆきたい。
　（a）一部履行の場合
　CLOUT Case No.275 において，イタリア売主とドイツ買主との間で，一定数量の靴の売買契約を締結したが，売主は約定した数量の引渡しを履行せず，一部のみ買主に引渡した。一部のみの引渡しは，CISG25条の重大な契約違反にはならないと，ドイツ法廷は判定した。
　CLOUT Case No.214 において，フランス売主はドイツ買主との間で，毎月一定量のひまわり油を引渡す売買契約を締結し，ドイツ買主は第1回引渡し分の代金の支払いをしたが，フランス売主は最初から第1回の出荷をしなかった。
　スイス法廷は，CISG73条(1)項，(2)項を適用し，売主の将来の引渡しについて，重大な契約違反が生じると判断する十分な根拠を相手方に与える場合に相当する，と判定し，契約解除を肯定した。
　（b）履行遅滞，受領遅滞の場合
　前掲 Case No.90 において，その状況においては売主の履行遅滞は重大な契約違反であると判定されたが，一般に遅滞それ自体はCISG49条(1)項(a)号，CISG64条(1)項(a)号が発動する重大な契約違反には相当しないとされている。違反当事者が，履行期についての相手方の重要性を承知又は認識している場合は別にして，Case No.90 のように，CISG49条(1)項(a)号が発動する場合は，履行遅滞が重大であり，決定的であり，筋の通らない場合である。しかし，履行遅滞が重大な契約違反と判定される場合は稀であ

第8章　ウイーン売買条約における契約責任

り，履行遅滞の場合は次のケースのように合理的な長さの付加期間を設定する（Nachfrist）のが通常である。

CLOUT Case No.136 において，ドイツ売主はエジプト買主との間で，印刷機の関連品9品目について売買契約を締結した。引渡しは2回の船積みで行われる予定で，第1回には6品目，第2回には3品目が船積みされる予定であった。買主は第1回船積み分6品目の一部の支払いをしたが，売主は第1回船積み予定の6品目のうち3品目のみの船積みを行った。その船積みした分の価値は買主の支払い金額以下であった。

第1回と第2回の船積み時期が経過してから，買主は11日間の付加期間を設定したが，売主は残数の品目を船積みしなかった。付加期間経過後にかえって，売主は別の品目の引渡しを提案したところ，買主は契約解除を通告した。

ドイツ法廷は，売主はCISG47条に基づく付加期間内に全品目の引渡しを履行できなかったので，買主はCISG49条(1)項(b)号に基づき契約解除をすることができると判定したものである。

（c）品質不良，瑕疵などの不適合の場合

CLOUT Case No.79 において，ドイツ買主はイタリア売主から購入した靴の代金の支払いをしなかった。理由は契約で約定した納期違反と仕様不適合であった。

ドイツ法廷は，イタリア売主の違反は，重大な契約違反ではないと判定した。何故なら本件の場合納期は指定されておらず，また，靴の品質が標準以下であるか又は全く転売できないような不適合か，いずれかであることを証明できていないからである，とされた。

CLOUT Case No.85, Case No.138 において，アメリカ売主，イタリア買主とする，10,800台の室内エアコン用コンプレッサーの売買について，3回に分割して引渡しをする契約に基づいて，売主が第1回目の引渡しをしたところ，不適合であるとして，買主はコンプレッサーの引取りを拒絶し，契約をキャンセルした。

5 重大な契約違反と契約解除の判例 (case law)

アメリカ法廷(連邦高裁2nd Cir.)は，当該コンプレッサーの不適合を認定し，売主の契約違反は，CISG25条の重大な契約違反であると判定した。アメリカ法廷によれば，特に，売主の違反は，コンプレッサーの冷却能力と電力消費についての契約仕様の不適合であり，それはエアコン用のコンプレッサーの価値を決定する重要な決定要素であるから，その不適合は買主の契約上の期待を実際に(actually)奪うものである，と判定した。この判定は，不適合を重大とする場合の説得力あるものである。

CLOUT Case No.304 において，建築用足場(scaffold fittings)の売買について，ICC仲裁廷は，当該商品の重要な部分が不適合であることは，CISG49条(1)項(a)号の重大な契約違反であると，判定した。

コンプレッサーの事例の場合と同様商品自体の重要性から判定しているものである。また，CISG51条(2)項に基づいて，契約全体の解除を肯定している。

CLOUT Case No.248 において，ドイツ売主とスイス買主との間で，エジプトとヨルダン向けの冷凍肉の売買契約により，売主が引渡した商品は契約不適合であるとして，買主が契約を解除して代金支払いを拒絶した。不適合は脂肪過多，水分過多というもので，鑑定人の鑑定によると，不適合による商品価値の目減りは25.5%であった。

スイス最高裁は，本件売主の不適合の契約違反は契約解除権の発生するような重大な不履行ではない，と判定した。スイス最高裁によれば，不適合品について，買主の側で，加工処理できるか，又は安値でも売却できるならば，可能な選択の道を有しているわけだから，本件不適合の契約違反は，重大な契約違反ではない，と判定した。

本件の場合，買主には25.5%の値引きの救済が与えられた。

(3) CISG25条の重大な契約違反が認められず契約解除が否定された判例

CISG下で締結された売買契約について，一方の当事者の契約違反が

第8章 ウイーン売買条約における契約責任

CISG25条の重大な契約違反の要件を満たしていなければ，重大な契約違反は判定されないから，契約解除は否定される。契約解除が否定された次のような事例がある。

CLOUT Case No. 84において，スイス売主とドイツ買主との間で，ニュージーランド産 mussel貝の売買について，当該貝はドイツ法定のカドミウム含有量制限値を超過しているとして，買主は支払いを拒否した。

ドイツ法廷は，本件は重大な契約違反ではない，と判定した。理由は，法定の含有量制限値は食品の最適状態を規定しているもので，法的拘束性のある最高限度ではない，当該貝は消費可能であり，CISG35条(2)項下の不適合であるとは言えない，と判定し，買主に支払いを命じた。

CISG Case No.171において，オランダ売主とドイツ買主との間で，一定の数量のコバルト硫酸塩について売買契約を締結した。契約によれば，商品は British産で，原産地証明書の提出を義務付けていた。

ところが，買主が売主から提出のあった書類を点検したところ，商品は南アフリカ産で，提出された原産地証明書は約定の通りでなかったので，買主は引取りを拒否して，契約解除を通告した。しかも買主は，品質は契約以下である，と主張した。

ドイツ法廷は，買主に契約解除を認めず，品質が契約以下と原産地が契約と異なる点は解除理由にならないと判定した。

ドイツ法廷によれば，南アフリカ産のコバルト硫酸塩はドイツ又は外国での販売は可能でないことを，買主は証明していないから，CISG25条に基づき，契約上の期待権を実質的に奪われていることを，証明していないとし，CISG49条(1)項(a)号による重大な契約違反を否定した。

ドイツ法廷は更に，契約と異なる原産地証明の提出も，重大な契約違反ではない，と判定した。何故ならば，他の産地（sources）から，当該商品の正しい原産地証明書を取得することが，可能であったからである，としている[17]。この点について買主の不利益はないという判定である。

6　日本法における債務不履行と契約解除

　ウイーン売買条約における契約解除は，CISG25条によって判定される重大な契約違反の存在を前提要件としている。今まで見てきたように，重大な契約違反は客観的な基準であり，そこには違反当事者の過失や帰責の要素を見ることはできない。用いられることの多い付加期間の設定（Nachfrist）にも全く過失や帰責の要素はないのである。

　ウイーン売買条約第79条の自己の支配を越えた障害の法理は，日本法の履行不能に相当するものであるが，自己の支配を越えた障害も客観的な基準であり，そこにおいても過失や帰責の要素が見当たらないことは，前に述べたとおりである。

　日本法における契約解除は，債務不履行の存在を前提要件としている。債務不履行の場合に解除権が発生する（民法541条—543条）。

　日本法の債務不履行とは，債務者が債務の本旨に従った履行をしないこと（民法415条）であるが，履行遅滞，履行不能，不完全履行の三種の債務不履行があるとされる。信義則上の注意義務違反も債務不履行の一種であると考えられる。

　いずれの場合も，債務不履行は，債務者（履行補助者を含む）の責に帰すべき事由（帰責事由）と不履行の違法性が要件である[18]。

　判例によれば，契約解除が許される場合は，契約の付随的な債務の不履

---

(17) CLOUT Case No.171におけるドイツ法廷の論法によれば，もし買主が南ア品であるコバルト硫酸塩をドイツでも，外国でも，販売不可能であることを，証明することができたら，本件は売主の重大な契約違反である，又，買主が他の産地からも，コバルト硫酸塩のBritish原産地証明書を取得できないことを，証明することができたならば，本件は売主の重大な契約違反である，ということになる。

　本件のドイツ法廷は，買主は本件南ア産を，ドイツでも外国でも販売可能である，British原産地証明書も他から取得できる，という判断に立っているようである。

　筆者は，南ア品の販売可能な販売先はまだしも，British原産地証明書を他から取得できたのかどうか，疑問に思っている。買主のその不利益を売主が知り得る（卓見できる）のであるならば，本件は重大な契約違反であるということになる。

行ではなく，契約の要素をなす債務の不履行であって，契約の目的を達せられないほど重要なものでなければならない，とされている[19]。

また，判例によれば，些細な不履行による契約の履行拒絶，契約解除は信義則違反であり許されないとされている[20]。

ウイーン売買条約が2009年8月からわが国の法となるため，国際売買には過失主義をとらないウイーン売買条約が適用されることになる。一方国内売買には依然として過失主義の民法が適用されるという，内外不一致の状態となる。このため民法の現代化や国際的調和のための検討がなされている。法務省が民法（債権法）の抜本的な見直しを表明したことを受けて，民法（債権法）改正のための改正検討委員会が学会有志によって形成されて，民法（債権法）改正の検討がすすめられている。学会においては，CISGやPICCに合わせて，わが国の債権法の従来からの過失主義を改めて，契約解除に債務者の帰責事由を不要とする動きが出てきている。わが国においても，ドイツの債務法現代化法と同じ方向を模索し検討する動きがでてきている[21]。

いずれ遠くない将来に，民法（債権法）の抜本的な改正が行われて，民法（債権法）をCISGやPICCに合わせて現代化し，契約解除に帰責事由を不要とする方向に向かうものと期待される[22]。

---

[18] 我妻栄『新訂債権総論（民法講義Ⅳ）』（岩波書店，1964年新訂）100-101頁，150頁
[19] 最判昭和36年11月21日・民集15巻10号2507頁，最判昭和43年2月23日・民集22巻2号23頁
[20] 大判大正9年12月18日・民録26輯1950頁，大判・昭和13年9月30日・民集17巻下1775頁
[21] 北川善太郎『契約責任の研究』（有斐閣，1963年）
 潮見佳男『契約法理の現代化』（有斐閣，2004年）
 森田宏樹『契約責任の帰責構造』（有斐閣，2002年）
 森田修『契約責任の法学的構造』（有斐閣，2006年）
 奥田昌道編『新版注釈民法(10)Ⅰ』（有斐閣，2003年）378-396頁

7 結び

　ウイーン売買条約が1988年に発効して以来，わが国の条約への加盟が遅れたのには，いくつかの理由が考えられる。その大きな理由の一つは，条約におけるCISG25条の存在にあったものと思われる。いままで見てきたように，CISG25条は過失や帰責という主観的な基準から離れ去っている。一方わが国は長い間ローマ法以来の過失主義になじんでいる。そのためウイーン売買条約には，違和感を意識的，無意識的に持つにいたっていたものと思われる。その証拠にわが国は国際取引で生計を立てているにもかかわらず，ウイーン売買条約には，あまり関心が払われていなかったと言ってもよいのである。

　とはいえ遅ればせながら，わが国も条約に加盟して2009年8月からわが国について発効するものである以上，ウイーン売買条約にもっと関心を持ち，少なくとも国際取引には過失主義をとらないウイーン売買条約が適用されることを覚える必要があろう。また，ウイーン売買条約を適用した我が国の判例が待たれるところである。

---

(22) 2009年3月31日「債権法改正の基本方針（提案要旨付）民法（債権法）改正検討委員会」NBL No.904（2009年5月1日号）が法務省に提出されている。そこにおいては，解除の要件として帰責事由を不要としている。

第9章　国際取引における世界法たる jus gentium の形成

> 1　国際取引における準拠法
> 2　世界法たる jus gentium の学説
> 3　世界法たる jus gentium の形成
> 　(1)　ICC の援用可能国際ルール
> 　(2)　ユニドロワ国際商事契約原則（PICC）
> 　(3)　1980年ウイーン売買条約（CISG）
> 4　結　　び

　今日の国際取引は国境を超えて行われている。特に物品やサービスの取引において顕著である。行われている取引自体が国家 nation-state[1] の枠を超えているので，それは supranational 又は transnational なものということができよう。そこにあるべき実体的な取引の法も国家法たる国内法よりも supranational 又は transnational な法，ルールが相応しいと言うべきである。そのような法，ルールを国際取引における世界法たる jus gentium としてとらえることができる。

　そこでわれわれは，現在国境を超えて行われている国際取引にどのような世界法たる jus gentium が形成されているのか，を検討してみたい。言うまでもなくここでの jus（ius）gentium（万民法）は古代ローマのそれではない。現在国境を越えてグローバルに行われている商取引に適用されている，或いは適用が予定されている，現代の国際商取引の法やルールのこ

---

[1]　「国家」という場合，アメリカ合衆国やカナダのように連邦国家もあるし日本のように単一国家もある。国際取引にかかわる国家法という場合，アメリカやカナダの場合は州法を意味する。

第 9 章 国際取引における世界法たる jus gentium の形成

とを,視野に入れている。それは,新しい現代の jus gentium であるとも言うことができるのではないかと思う。

具体的には,UNCITRAL の国際物品売買契約に関する国連条約(1980年ウイーン売買条約又は CISG)[2],UNIDROIT の1994年版と2004年版の国際商事契約原則(ユニドロワ国際商事契約原則又は PICC)[3],ICC の IN-COTERMS(インコタームズ)[4],UCP600(信用状統一規則)[5],URC 522(取立統一規則)[6]等の援用可能国際ルールなどに,ここでいう世界法たる jus gentium を見ることができるのではないか,と考えられる。

これから見て行くように,このような世界法たる jus gentium には,世界のいたるところで行われる取引について世界的に用いられる一般普遍性がある。国際取引の紛争を解決する実体の法又は法規範として,世界の法廷[7]又は仲裁廷[8]により適用されているのを,見ることができるのである。

勿論 nation-state における法廷や仲裁廷は,当事者自治を認めるであろうから,当事者が指定した法や援用した国際取引ルールを,原則として適用するであろう。その場合ここで注目したい点は,当事者の指定又は援用

---

(2) United Nations Convention on Contracts for the International Sale of Goods (Vienna, 11 April 1980)
(3) UNIDROIT, Principles of International Commercial Contracts, 1994
   UNIDROIT Principles of International Commercial Contracts 2004
(4) ICC official rules for the interpretation of trade terms Incoterms 2000 (ICC Publication No.560)
(5) The Uniform Customs and Practice for Documentary Credits 1993 Revision (UCP500) (ICC Publication No.500); the Uniform Customs and Practice for Documentary Credits, 2007 Revision (UCP 600) (ICC Publication No.600)
(6) The ICC Uniform Rules for Collections, 1995 Revision (URC522) (ICC Publication No.522)
(7) 「法廷」は国家 nation-state における司法制度上の機関である法廷を意味する。UNCITRAL 国際商事仲裁モデル法 2 条(c)項の court をいう。
(8) 「仲裁廷」は UNCITRAL モデル法 2 条(b)項の arbitration tribunal を意味する。仲裁法(平成15年法律138号)2 条 2 項を参照

が，抵触法的なものか実質法的なものかという，国際私法上の論点ではなく，当事者の指定や援用が無くても，広く nation-state の法廷や仲裁廷が，国際取引の当事者間の紛争を解決する法規範として用いるという，普遍的な一般法規性又は規範性にある。

ここでは，このような世界法たる jus gentium が，現在既に形成されているという認識に立って，世界の法廷と仲裁廷の注目するべき実例をいくつか概観して，世界法たる jus gentium の形成について，検討してみたい。

1　国際取引における準拠法

日本企業が外国企業との間で，国際的に物品売買や長期売買等の国際取引について契約をする場合，先ず問題となるのは契約の準拠法である。

国際契約の準拠法は，通常は日本法か相手国法か，ニューヨーク州法，英国法などの第3国法か，いずれかの国家法である国内法による。それはその国家法の実体の法（実質法）を意味している。場合によっては，ICCモデル売買契約のように1980年ウイーン売買条約と売主の所在地法を契約準拠法とすることもあろう[9]。その他の ICC モデル契約のようにユニドロワ国際商事契約原則を補充乃至補完的な準拠法とする場合もあろう[10]。それとも国際契約によっては，準拠法は全く規定しないという場合もないことはないであろう。いずれにせよ，契約準拠法は契約を締結する段階で当事者が最も注意するべき課題の1つである。それは将来の紛争解決の予

---

(9) The ICC Model International Sale Contract（ICC Publication 556）
　　A．Special Condition A-14
　　B．General Condition 1.2　A.B.
(10) The ICC Model Commercial Agency Contract 2nd ed.（ICC Publication No.644E）Article 24.1
　　ICC Model Contract for the Turnkey Supply of an Industrial Plant（ICC Publication No. 653E）36. Applicable Law
　　The ICC Model Distributorship Contract Sole Importer- Distributor 2nd ed.（ICC Publication No 646E）Article 24.1

第 9 章　国際取引における世界法たる jus gentium の形成

測可能性が問われるからである。

　国際契約について当事者間で紛争が発生した場合，予め両者間で準拠法についての合意がなければ，原則として当該紛争処理の法廷地又は仲裁地における国際私法のルールに従い，準拠法を決定することになる。抵触法規たる国際私法は国内法であり，法廷地又は仲裁地により異なるから，予め契約準拠法について合意がない場合は，当事者間における紛争の解決は予測困難な状態となろう。またそのような国際私法のルールによって決定される準拠法が，或る国の国内法たる実質法であれば，その国内法では想定していない国際的な問題も出てきて，紛争の解決が困難となる場合もあるであろう。国内法における法の欠如のほか国内法の補充や解釈を要する場合も出てくるであろう。

　例えば，日本法が準拠法になる場合，日本法に規定がない国際取引上の問題をいくつも挙げることができる。よく指摘されているように，書式の闘い，協議や再交渉，ハードシップ，信用状取引における発行銀行と売主との関係等のような国際取引上の諸問題である。およそ貿易取引にかかわる事項（引渡し条件，支払い条件等）については，民法，商法には具体的な規定を欠いているのである。

　また，訴えの提起については，準拠法を決定する以前の問題として，国際裁判管轄の問題がある。国際裁判管轄については，よるべき法律も条約もないため条理によって決定するというのが，わが国の判例ルールである[11]。このため国際契約の当事者間において管轄合意もなく，訴えに代わる紛争解決手段についても合意がない場合は，国際的な契約について発生する当事者間の紛争処理は法的に不安定であり，紛争解決の予測はさら

---

(11) マレーシア航空機事故事件昭和56年10月16日最高裁第2小法廷判決・民集35巻7号1224頁；ドイツ車預託金事件平成9年11月11日最高裁第3小法廷判決・民集51巻10号4055頁

(12) 国際契約の法的規律の三層構造として，①国際民事手続法②国際私法③実質法がある。斉藤彰「第2章　法廷地選択および準拠法選択の役割」新堀聰・柏木昇編著『グローバル商取引と紛争解決』（同文舘出版，2006年）33頁

180

1　国際取引における準拠法

に困難なものとなろう[12]。

このため国の枠を超えて行われる国際取引について，もし普遍的な世界共通の統一規範があって，それを当事者が準拠法に使用できるし，また，当事者間で紛争になったとき，法廷も仲裁廷も普遍的な世界共通の統一規範によって判定できるならば，紛争処理の予測可能性が著しく高まる，と言うことができるのである[13]。

---

[13]（準拠法の指定について）

　法例7条1項は「法律行為の成立及び効力に付いては当事者の意思に従い其の何れの国の法律に依るべきかを定む」と当事者自治を認めている。

　「何れの国の法律」は，国家法を意味しユニドロワ国際商事契約原則などの国際規則を含まないというのがわが国の通説である。ユニドロワ国際商事契約原則の「準拠法適格性」を肯定する学説もある。中野俊一郎「国際取引紛争の解決と当事者自治」国際商取引学会年報2008　vol.10，189頁，中林啓一「ユニドロワ国際商事契約原則と国際私法」立命館法学2004年1号（293号）127頁を参照。

　新法の「法の適用に関する通則法」（平成18年6月21日公布法律第78号）の第7条も法例7条1項と同様に当事者自治の原則を定めるが，法例のように当事者が指定するのは「法律」ではなく「当事者の選択した地の法」である。そこにおいては国際規則や lex mercatoria が含まれる余地はあるものと思う。

　仲裁法36条1項の「法」は，1985年 UNCITRAL Model Law on International Commercial Arbitration 国際商事仲裁モデル法第28条1項の "rules of law" 相当であるから，議会制定法の法律のみならず，未批准の条約や国際規則も lex mercatoria も含まれるものと思われる。

　尚 "rules of law" は，単に仲裁法が定めたように「法」ではなく「法規」又は「法規範」のほうがより近いと思う。"law" は「法」だからである。

（統一売買法について）

　高桑昭「国際的統一売買法」『国際取引契約』現代契約法大系第8巻（有斐閣，1983年）65頁

　曽野和明・山手正史『国際売買法　現代法律学全集第60巻』（青林書院，1993年）等

（lex mercatoria について）

　lex mercatoria が何たるか定義するのは困難であるが，商人法であるとしておく。それは国際取引においては国際取引の商慣行，商慣習，商慣習法などのことである。

　2006年5月1日施行の改正商法（法律第87号）第1条2項は従来の「商慣習法」を「商慣習」に改めている。この商慣習とは国際取引についてはレクス・メルカトリアのことであると言ってもよい。具体的には，Incoterms や UCP などのことである。

第9章　国際取引における世界法たる jus gentium の形成

2　世界法たる jus gentium の学説

そこで今までに，ここで言う世界法たる jus gentium や普遍的人類共通の法，transnational law，transnational commercial law などのことを，提唱しているわが国の学説を概観しておきたい。

1）　まず取り上げたいのは，田中耕太郎先生が1930年代に提唱された「世界法の理論」である[14]。

田中先生は，中世西欧社会の商慣習法が世界経済における普遍的な世界法であったことを論証された後，近世においては国際私法が実質において世界的人類的共通の法即ち世界法である，とされる。或る国家法が適用される場合は，その国の法が国際私法という運河を通じて，そのまま世界人類の私法たる機能を営むことになるとされる。国際私法を共通の運河と考える理由は，国際私法は各国法の共通の分母であって，その基礎は各国の実定法より導き出されるのではなくて，条理とか普遍人類的確信による，とされるからである。

田中先生の言われる国際私法は，わが国の法例などの国内法である抵触法規とは，明らかに次元の異なるものである。それは単なる衝突法規乃至は抵触法規としての国際私法ではなくて，普遍的な自然法又は人類共通のものに基礎がおかれているのである[15]。

さらに田中先生は，統一手形法，統一小切手法などの私法の世界統一運動を狭義の世界法としてとらえ，また手形法以外の世界人類の交通，取引に関する他の領域に関しても，既に広汎なる範囲において統一法の成立を見ている，とされている。国際生活のうち商取引及び交通，通信，例えば手形，海商，交通，航空などの関係法の分野においては，統一の方向に向かうのである，とされる[16]。

---

[14]　田中耕太郎『世界法の理論第1巻，第2巻，第3巻』(岩波書店，1933年，1934年)
[15]　田中耕太郎　前掲注(14) 第2巻「第七章　国際私法と世界法」95頁
[16]　田中耕太郎『続世界法の理論（上巻）（下巻）』(岩波書店，1972年)

2　世界法たる jus gentium の学説

2）　つぎに喜多川篤典教授の言われる新しいレクス・メルカトリア new lex mercatoria に注目したいと思う。

喜多川教授は，普遍的商取引法としての new lex mercatoria を提唱される。その形成の場は国際商事仲裁であるとされる。

国際取引関係は，それに適合した真の意味の国際的私法と，国際的な私法の裁判所を要求する，とされる。それは，現在の社会には存在しないから，商人は自主規範と司法法廷に代わる常設仲裁廷をつくりだしてゆかざるをえない，とされる。

喜多川教授によれば，中世ヨーロッパにおいては商法 lex mercatoria は商人達の普遍的な商慣習法であったのであるが，近代国家の確立に伴い，近代国家法に吸収されたところ，ここ150年来の国際取引の拡大に伴い，商慣習法は国家法から開放されて，再び普遍的な新しい lex mercatoria の形成へ向かう，とされる。それは国際的な商人達の自主規範である各種業界の統一約款ないし標準契約書のみならず，国家において法律として承認せしめようとする各種の統一条約ないし統一法の誕生である，とされる[17]。

そして，第二次大戦後の国連欧州経済委員会（ECE）の各種商品についての西側諸国間，東西両世界の取引についての統一約款ないし標準契約書式，ICC のインコタームズ，ロンドン穀物取引所の各種の標準契約書式などに注目し，さらに UNIDROIT の ULIS や UNCITRAL の動きにまで言及される。これらすべてが，国際商事仲裁において実体的規範として用いられて，国際的法秩序としての new lex mercatoria の形成が推進される，とされる[18]。

これらのことを喜多川教授が書かれたのは1970年代のことである。

3）　つぎに2000年代に入って，新堀聰教授の提唱されるグローバル商

---

[17] 喜多川篤典「第1部　商事仲裁の基礎　Ⅲ商事仲裁」喜多川篤典『国際商事仲裁の研究』（東京大学出版会，1978年）72-93頁
[18] 喜多川篤典「国際商事仲裁における準拠法の指定」JCA ジャーナル178号（1972年7月）22頁

第9章　国際取引における世界法たる jus gentium の形成

取引法に注目したいと思う[19]。

　新堀教授は，広く世界的な規模で国際商取引に適用される実体の法をグローバル商取引法，と呼ばれる。従来からの商慣習法である lex mercatoria に加えて，新たに UNCITRAL などの国連機関，UNIDROIT などの公的な国際機関や ICC など私的な国際機関，によって制定される国際条約，モデル法，国際規則が，グローバル商取引法を構成するもの，とされる。従来の商慣習法は徐々に形成されたのであるが，これらの条約，モデル法または国際規則は，必ずしも従来の商慣習法の形成プロセスに拘束されずに，商慣習法となるべきものを先取りするような形で，グローバル商取引法を形成する，とされる[20]。

　この現象は，UNIDROIT が1994年国際商事契約原則及び2004年同拡大第2版，ヨーロッパ契約法委員会が1998年ヨーロッパ契約法原則及び2000年同原則第1部第2部，を発表してから顕著となった，とされる。

　そして，このようなグローバル商取引法の形成の担い手は当面は，国家機関の法廷ではなくて，国際商事仲裁である，とされる。それは，抵触法が予測可能性を欠き頼りないことと，各国の実体法がしばしば国際商事紛争を解決する能力をもっていないからである，とされる。このため，今後の展望としては，グローバル商取引法が次第に整備されて行くにつれて，国際商事紛争は，仲裁においてはもちろん，訴訟においても，最終的には世界的に1つの法によって解決されるようになると思われる，とされる[21]。

3　世界法たる jus gentium の形成

　世界法たる jus gentium の形成は，理想主義者の目指すものではなく，現実的なものである。国の枠を超えて世界において，現実に行われている

---

(19) 新堀聰「第6章　国際商事仲裁とグローバル商取引法の発展」新堀聰・柏木昇編著『グローバル商取引と紛争解決』（同文舘出版，2006年）177頁
(20) 新堀聰　前掲注(19) 181-182頁
(21) 新堀聰　前掲注(19) 193頁

3　世界法たる jus gentium の形成

商取引について，国際商取引に適用される普遍的な法規範が現実に用いられ，実現されている，ということである。先に紹介した3つの学説もこのことを示している。

そこでこのような世界法たる jus gentium の形成について，これからいくつかの具体的事例を見て行きたい。(1)ICC の援用可能国際ルールについて，(2)ユニドロワ国際商事契約原則について，(3)1980年ウイーン売買条約について，のそれぞれの内外における法廷および仲裁廷の事例を見て行くことにする[22]。

(1) ICC の援用可能国際ルール

ICC が制定したインコタームズ，信用状統一規則，取立統一規則等は，いずれも当事者が援用することにより適用される，援用可能国際ルールである[23]。

(a) インコタームズ

---

[22] 本章について参照した事例は主として次の3つのデータベース等からである。
① Abstracts in UNCITRAL Case law on UNCITRAL Texts (CLOUT)
〈http://www.uncitral.org/en-index.htm〉
(本書において単に CLOUT と呼ぶ)
A/CN.9/SER.C/ABSTRACTS/ABSTRACTS/1 (17 May 1993) から AB-STRATS/55 (12 May 2006) まで。
Case1 から Case617 まで (CISG のほか MAL 国際商事仲裁モデル法と MLEC 電子商取引モデル法のケースを含む)。
② Abstracts in UNILEX 〈http://www.unilex.info〉
(本書において単に UNILEX と呼ぶ)
2006年7月末現在の件数はつぎの通りである。
CISG cases by court 622
　　　　　by arbitral tribunal 72
UNIDROIT Principles cases by court 32
　　　　　by arbitral tribunal 98
③ Collection of ICC Arbitration Awards 1986–1990 Vol. II (ICC Publication No 514)
Collection of ICC Arbitration Awards 1991–1995 Vol. III (ICC Publication No 553)
Collection of ICC Arbitration Awards 1996–2000 Vol. IV (ICC Publication No 647)

第9章　国際取引における世界法たる jus gentium の形成

その適用は当事者の援用が原則であるが，当事者の援用がなくても適用される取引の規範となっていることを，いくつかの事例から見ることができる。

① CLOUT Case447（Abstract at A/CN.9/SER.C/ABSTRACTS/39）

アメリカ連邦地裁 S.D.N.Y. 2002年3月26日判決[24]

ドイツの売主とアメリカの買主との間で移動式磁力音響画像システムの売買について，CIF New York Seaport 引渡し条件にて売買契約した。当該商品はニューヨーク港に破損して到着した。危険の移転時期が争点になった。当事者の合意した準拠法はドイツ法であったが法廷は CISG を適用した。そして危険は CIF 引渡条項により船積港にて買主に移転していると判定した。アメリカ法廷は，当事者の明示の援用はないが，CISG 第9条(2)項に基づいて，Incoterms の定義が本件契約に適用される，と判定した。

② CLOUT Case549（Abstract at A/CN.9/SER.C/ABSTRACTS/48）

スペイン法廷 Provincial Court of Valencia, Sixth Div. 405/2003（7 June 2003）判決

スペイン売主からアメリカ買主への濃縮ぶどうの ex factory 条件による売買について，売主の引渡と買主の引取について様々な不完全履行について争われたところ，スペイン法廷は売買契約に規定のある ex factory 条件を，当事者の援用がなくても，Incoterms 2000 を適用して判定している。

③ CLOUT Case575（Abstract at A/CN.9/SER.C/ABSTRACTS/51）

アメリカ連邦高等裁判所 U.S. Court of Appeals Fifth Circuit; No02 20166（11 June 2003; corrected 7 July 2003）

アメリカ売主からエクアドル買主への無鉛ガソリンの引渡 CFR La Libertad-Ecuador 条件の売買に関連して，沈殿物含有量について紛争に

---

(23) 畑口紘「援用可能統一規則と国際的約款」『国際取引契約2』現代契約法大系　第9巻（有斐閣，1989年）52頁を参照
(24) F.Supp.2d, 2002 WL 465312（S.D.N.Y.）

3 世界法たる jus gentium の形成

なったところ，アメリカ法廷は，CISG 第 9 条(2)項に基づき，Incoterms を適用して CFR を解釈した。アメリカ法廷は，Incoterms は，たとえグローバルではないとしても国際取引業界に広く知られているので，CISG 第 9 条(2)項によりウイーン条約に組み込まれている，と判定した。

④　神戸地裁昭和61年 6 月25日判決　法人税更正処分等取消請求事件[25]

原告大竹貿易株式会社が神戸税務署長を相手に，法人税の対象となる収益の計上について，輸出手形の取組日を基準とするか，商品の船積日を基準とするかで争ったものである。原告が，海外顧客との輸出取引において，貿易条件（Trade Terms）を FOB，C&F，CIF 条件により契約を締結し，同取引条件のもとに商品を輸出販売している事実が確認された後，法廷はこれらの貿易条件を ICC のインコタームズを用いて解釈して，商品の船積日を基準として判定した。原告は契約に FOB などの貿易条件を用いたがインコタームズを援用していなかった。

これらは法廷の事例であるが，仲裁判断については，仲裁廷がインコタームズを，当事者の援用なしに適用した，いくつかの事例が Klaus Peter Berger の著書に報告されている[26]。

(b)　信用状統一規則（UCP）

信用状統一規則も当事者が援用することにより適用する。今日わが国の銀行により開設される信用状は例外なく信用状統一規則が援用されている[27]。次のような事例がある。

①　平成 9 年 6 月30日東京地裁判決[28]

本件は，機械輸出取引（日本会社から韓国会社への輸出）について荷為替信用状付き外国向け荷為替手形の買取り申請を行った者に対して負う，買

---

[25]　訟務月報32巻12号2908頁
[26]　Klaus Peter Berger, *The Creeping Codification of the Lex Mercatoria*（Kluwer Law International 1999）at 68 n.145
[27]　山田鐐一・佐野寛『国際取引法（第 3 版）』（有斐閣，2006年）175-176頁
[28]　判タ966号230頁

187

取り申請を受けた銀行の注意義務について，UCP500を適用して，銀行の義務について判定したものである。両者間で予め外国為替契約が締結されており，同契約に UCP と URC の適用が合意されている。

② 平成2年2月8日大阪地裁判決[29]

外国為替公認銀行間の信用状に基づく荷為替手形の再買取取引について，信用状発行銀行が支払いを拒絶したときは，再買取依頼銀行は，保証書等買戻しに関する約定書の交付を受けていなくても，再買取銀行から買戻しの請求を受けると直ちに荷為替手形を買い戻さなければならない外国為替公認銀行間の商慣習ないし商慣行があり，外国銀行の在日支店間の取引についても，取引当事者はこの商慣習ないし商慣行に拘束される，と判定された。

(c) 取立統一規則（URC）

外国為替手形の取立も，銀行間の取引約定書において，統一取立規則の適用が確認されて取引が行われる（例えば上記事例(b)①）。次のような事例がある。

① 平成元年8月28日東京地裁判決[30]

支払人を外国会社（香港）とする為替手形と信用状等の取立てを日本の金融機関に依頼したところ，同金融機関を経由して順次関係銀行から取立てが行われたのであるが，関係書類が紛失した。取立て依頼人と依頼を受けた日本の金融機関との関係に，取立統一規則が適用された。

以上みてきたとおり，ICC 援用可能国際規則は，インコタームズ，信用状統一規則，取立統一規則いずれも，広く周知のうちに取引当事者によりそれぞれの取引に使用されており，また，法廷も仲裁廷も，当事者の援用がない場合でも，それを判定の規範乃至は基準として適用している。このことからみて，インコタームズ，信用状統一規則，取立統一規

---

[29] 判時1351号144頁
[30] 金商829号33頁

則は，いずれも現代における lex mercatoria 又は商慣習法であると言える。

当事者の援用又は合意のないインコタームズの適用については，先に見た事例のアメリカ法廷は CISG 9 条(2)項を根拠にしている。わが国の法廷の場合は法例 2 条（通則法 3 条），仲裁廷の場合は仲裁規則（ICC 仲裁規則17条(2)項など），が根拠となろう。因みに先に見たわが国の事例（神戸地裁）は，インコタームズと信用状統一規則とを，貿易慣習，取引慣行として適用して判定しているので，法例 2 条によったものと思われる。

（2）ユニドロワ国際商事契約原則（PICC）

ユニドロワ国際商事契約原則（PICC）は，その前文第 1 文の通り，国際契約に適用される一般ルール（general rules）を定めたものである。2004年版の前文は，PICC が適用ないし使用される場合を，6 項にわたり規定するが，本章に関係のある規定は第 7 文を除く次の 5 項である。

(a) 当事者が PICC を契約の準拠法として合意したとき（第 2 項）。
(b) 当事者が契約は法の一般原則，lex mercatoria 又はその類のものに準拠することを合意したとき（第 3 項）。
(c) 当事者が契約に準拠法を指定しなかったとき（第 4 項）。
(d) 国際統一法条文を解釈又は補充するとき（第 5 項）。
(e) 国家法たる国内法を解釈又は補充するとき（第 6 項）
これから前文各項それぞれの場合の具体的事例を見て行く[31]。

(a) 当事者が契約の準拠法として合意した場合

当事者が PICC を準拠法に明示的に指定する場合は，前述の ICC モデ

---

(31) 前掲注（22）の通り PICC を適用乃至は使用した UNILEX の事例は2006年 7 月末現在，法廷32件，仲裁廷98件である。UNILEX によれば，仲裁手続は非公開なので仲裁判断の実際の事例件数はもう少し多いものと思われる，とされている。

第 9 章　国際取引における世界法たる jus gentium の形成

ル契約（前掲注（10）参照）のように，指定された主たる準拠法があってそれを補充乃至は補完する場合である。当事者が補充や補完ではなくメインの準拠法として PICC を指定することも可能であると思われるが，実例はつぎのような場合である。

① 　ロシア商工会議所仲裁　仲裁判断 No.116[32]

ロシア貿易機構と香港会社との間の売買契約にいついて，紛争発生後仲裁付託時に当事者が，契約に明記のない事項については仲裁廷は PICC により決定するべきことを合意して，仲裁に付託したものである。

② 　ローザンヌ商工会議所仲裁　仲裁判断 No. なし[33]

ベルギー会社とスペイン会社との間の新製品の開発に関する契約には明確な準拠法の規定はなかったが，「国際商事契約に適用のある法の一般原則」によるべき旨定められていたことから，当事者は PICC の適用に合意し，仲裁廷は PICC 前文第 2 項から紛争の実体問題について PICC を当事者の選定した準拠法に決定した。

---

(32) UNILEX 20.01.1997 Arbitral Award No.116 by International Arbitration Court of the Chamber of Commerce and Industry of the Russian Federation
(33) UNILEX 25.01.2002 Arbitral Award by Arbitration Court of the Lausanne Chamber of Commerce and Industry
(34) ICC 仲裁規則の場合はつぎの通りである。
　旧 ICC 仲裁規則13条 3 項「当事者は，仲裁人が紛争の本案に適用すべき法（the applicable law）を自由に決定することができるものとする。適用法に関して当事者がいかなる意思表示もしていない場合には，仲裁人は，適当と認める抵触規則により準拠法として指定される法を適用しなければならない。」
　同　5 項「いかなる場合においても，仲裁人は契約条項および関連する取引慣行（the relevant trade usages）を考慮しなければならない。」
　現行の ICC 仲裁規則（1998.1.1）17条 1 項は「当事者は，仲裁廷が紛争の本案に適用すべき法規（the rules of law）を自由に合意することができる。かかる合意がない場合は，仲裁廷は，適当と認める法規（the rules of law）を適用することができる。」同　2 項「いかなる場合においても，仲裁廷は，契約条項および関連する取引慣行（the relevant trade usages）を考慮しなければならない。」（国際商業会議所日本委員会訳による）

3 世界法たる jus gentium の形成

これらのケースはいずれも仲裁付託にあたり，当事者が PICC を準拠法に指定することに合意したものである(34)。

(b) **当事者が契約は法の一般原則，lex mercatoria 又はその類のものに準拠することを合意した場合**

この場合は，当事者は法の一般原則，lex mercatoria などによることを合意しているが，PICC によることを明示的には合意していない場合である。次のような事例がある。

① ICC 国際仲裁判断 No.12111(35)

ルーマニア売主と英国買主間の売買契約における準拠法は"international law"となっていた。仲裁廷は，これを国家法によらないという当事者の意図であると解し，それは国際契約に適用ある lex mercatoria と法の一般原則のことであるとして，本件は PICC により決定する，とした。

② ロシア商工会議所仲裁判断 No.11/2002(36)

ドイツ会社とロシア会社との間の製品の販売に関する商業サービス契約において，紛争処理に関する規定は「lex mercatoria の一般原則に従って解決するものとする，そして，すべての事項はドイツ法とロシア法の両法に従う」となっていた。

仲裁廷は，準拠法を両国法に指定するというのは，国家法を準拠法とする指定がないことと同じであるとし，lex mercatoria の一般原則を表現するものとして，PICC を適用した。

(c) **当事者が準拠法を契約に指定しなかった場合**

当事者が準拠法を指定しなかった場合に，法廷又は仲裁廷が PICC を適用ないし使用した事例は多く見られるが，いくつかの傾向がある。それは（c1）仲裁規則から導かれる場合，（c2）契約締結前又は契約交渉中の紛争に適用する場合，（c3）不明又は不明瞭な契約条件の解釈を要する場合，

---

(35) UNILEX 06.01.2003 ICC Arbitral Award No.12111
(36) UNILEX 05.11.2002 Arbitral Award No.11/2002 by International Arbitration Court of the Chamber of Commerce and Industry of the Russian Federation

第9章　国際取引における世界法たる jus gentium の形成

である。

（c1）仲裁規則から導かれる場合

① ICC 国際仲裁　仲裁判断 No.9875[37]

日本会社をライセンサー，フランス会社をライセンシーとする準拠法の規定のないライセンス契約上の紛争発生にあたり，日本会社は日本法を，フランス会社はフランス法を主張したが，仲裁廷は両者の主張する国家法を認めず，仲裁規則17条に基づき，仲裁廷の最も適当と判断する rules of law によるとした。

仲裁廷は，本案に適用する実体の法は，国際取引の rules of law と usages であるとし，具体的には PICC などである，とした。

② ストックホルム商業会議所仲裁　仲裁判断 No.117/1999[38]

中国会社とヨーロッパ会社との間の準拠法の規定のない技術交換と協力契約についての紛争について，仲裁廷はストックホルム商業会議所規則24条により，仲裁廷がもっとも適当と判断する rules of law によるとした。国際的に成文化されたものか又は国際取引を行っている国々で広く認められているものによるとし，CISG と PICC がそれに該当するとした。本件はライセンス契約であるため PICC によった。

（c2）契約締結前又は契約交渉中の紛争について適用する場合

国際取引において契約締結前又は契約交渉中の紛争は頻発しているようである。それは正式に契約にいたる以前の契約交渉や契約の準備段階又は予備的合意の段階における紛争処理である。契約締結上の過失といわれる紛争の類である。具体的には，交渉中のところ交渉決裂，メモランダムオブアグリーメント，レターオブインテント，プリビッドアグリーメントのような正式契約ではない合意書をめぐる紛争などである。事例をいくつかあげてみると次の通りである。

---

(37) UNILEX 00.01.1999 ICC Arbitral Award No.9875

(38) UNILEX 00.00.2001 Arbitration Institute of the Stockholm Chamber of Commerce Arbitral Award No.117/1999

3 世界法たる jus gentium の形成

① オーストラリア連邦裁判所判決 No.558[39]

入札前の契約について PICC 1.7条にある国際取引における信義と公正行動の原則をもって判定した。

② オランダ最高裁判決 No.R99/120HR[40]

レターオブインテントの解釈について PICC 2.13条に則して判定した。

③ イギリス控訴裁判所（民事部）判決 No.2006 EWCACiv69[41]

英国会社と英国会社との間の人材と機器の供給契約の「優先供給者の地位」の解釈について紛争となり，外部証拠の契約締結前の契約交渉を証拠として許容するかどうかが争点となった。第一審は，英国は伝統的に契約前の交渉は契約解釈の証拠として許容しないとしたが，控訴審は契約前の口頭証拠を許容した。PICC 4.3条，CISG（8条）などが参照された。

（c3）不明瞭な契約条件の解釈について

当事者の準拠法の指定がない場合で，不明又は不明瞭な契約条件等の解釈を要した具体的な事例はつぎの通りである。

① ICC 国際商事仲裁　仲裁判断 No.10422[42]

欧州製造業者とラテンアメリカ販売業者間の販売店契約について，不明瞭な契約条件について紛争があり，仲裁廷は，当事者は国際契約の一般原則とルール即ち lex mercatoria によることを望んでいるとして，PICC を適用して判定した。

② フランス　グルノーブル控訴院判決[43]

アメリカ会社とフランス会社間の運送契約に，運送人の責任について矛盾した規定があり紛争となったところ，フランス法廷は PICC 2.21条，4.6条などを適用して，判定した。

---

(39) UNILEX 30.06.1997 Federal Court of Australia No.558
(40) UNILEX 02.02.2001 Supreme Court of the Netherlands No.R99/120HR
(41) UNILEX 17.2.2006 Court of Appeal (Civil Division) No.2006 EWCACiv 69 Proforce Recruit Limited v. The Rugby Group Limited
(42) UNILEX 00.00.2001 ICC Arbitral Award No.10422
(43) UNILEX 24.01.1996 Cour d'appel de Grenoble No.unknown

第9章 国際取引における世界法たる jus gentium の形成

(d) 国際統一法の条文を解釈又は補充する場合

CISG 等を PICC によって解釈又は補充する多くの事例がある。以下はその一部である。

① ICC 国際商事仲裁　仲裁判断 No.8128[44]

オーストラリア売主スイス買主間の化学肥料の売買契約について，売主の不履行あり。損害賠償について PICC 78条，7.4.9条などを用いて判定した。

PICC の規定を適用したのは，PICC が CISG 7条2項の条約の基礎にある一般原則であるからである，とされた。

② ロシア商工会議所仲裁　仲裁判断 No.229/1996[45]

ブルガリア会社とロシア会社間の売買契約に，代金支払い遅延について遅延損害金 penalty の規定あり。それが過大であるとして争われたが，仲裁廷は，本件争点について CISG に規定がないため，空白をうめるために PICC を適用，PICC7.4.13(2)条により過大である，と判定した。また業界に広く知られている取引慣行を PICC が反映していることからも PICC の適用は正当化される，とされた。

③ ICC 国際商事仲裁　仲裁判断 No.8817[46]

スペイン会社とオランダ会社間の食品販売に関する販売店契約について争いとなり，仲裁廷は，ICC 規則13(3)条により，準拠法として CISG とその一般原則を適用することに決定した。そして CISG の一般原則は今や PICC に収容されているとして，PICC を適用して判定した。

④ ICC 国際商事仲裁　仲裁判断 No.8547[47]

---

(44) UNILEX 00.00.1995 ICC Arbitral Award No.8128

(45) UNILEX 06.06.1997 Arbitral Award No.229/1996 by International Arbitration Court of the International Chamber of Commerce and Industry of the Russian Federation

(46) UNILEX 00.12.1997 ICC Arbitral Award No.8817, Collection of ICC Arbitration Awards Vol.IV at 415

(47) UNILEX 00.01.1999 ICC Arbitral Award No.8547

3 世界法たる jus gentium の形成

ハーグ統一法（ULIS と ULF）を PICC をもって解釈した。

(e) **国家法たる国内法を解釈又は補充する場合**

いずれも国内法を準拠法とする場合で，その国内法を解釈又は補充する場合である。

① ICC 国際商事仲裁　仲裁判断 No.8486[48]

オランダ売主とトルコ買主間の機械売買据付契約について，契約後トルコ経済危機のため買主の履行困難となったところ，仲裁廷は，準拠法オランダ法を国際取引に適用する場合は国際取引法の共通の見解への考慮をしければならないとして，そのために PICC 1.3条，6.2.1条などが参照された。

② ICC 国際商事仲裁　仲裁判断 No.10022[49]

契約準拠法はリトアニア法であるところ，仲裁は仲裁規則17条2項に基づき trade usages によるとされて，国際商事取引慣習の最新の成文として，PICC などが用いられた。

③ イタリア仲裁判断[50]

アメリカ会社とイタリア会社との間の会社買取に関する契約をめぐり，争いが発生し，アメリカ会社はいわゆる merger clause の通り契約書記載が全てであり，契約締結前後の当事者の発言等は一切考慮されないと主張したが，準拠法であるイタリア法は当事者の共通の意図を契約締結前後の行為や合意に照らして決定することになっており，仲裁廷は，PICC 2.17条本文とコメントを引用して，イタリア法の通り決定した。

以上 PICC が適用又は使用される場合の具体的事例をいくつか見てきた

---

[48] UNILEX 00.09.1996 ICC Arbitral Award No.8486, Collection of ICC Arbitration Awards Vol. IV at 321

[49] UNILEX 00.10.2000 ICC Arbitral Award No.10022

[50] UNILEX 28.11.2002 Arbitral Award by Camera Arbitrale Nazionale e Internazionale di Milano

第9章　国際取引における世界法たる jus gentium の形成

が，当事者が PICC の援用又は適用に合意した場合（PICC 前文第2項の場合）は別にして，いずれの場合も，法廷も仲裁廷も，当事者による援用又は適用の合意なしに，その裁量によりその必要に応じて，PICC を参照，引用，適用して判定している。とくに CISG 締約国間における国際取引で，CISG に規定のないライセンス契約，技術やソフト開発，運送，会社譲渡，代理店などの取引については，法廷や仲裁廷はその裁量により PICC の該当箇所を用いて判定している。また CISG に規定のない事項，例えば，損害賠償金の支払い利息の利率について，PICC 7.4.9条を用いて判定している事例が多い（CLOUT Case499, ICC Arbitral Award No.11051 など）。

　また外国仲裁判断の承認・執行を求める手続の段階で，外国仲裁判断の無効取消又は承認拒絶が争われることがある。

　フランスのパリ控訴院は，ICC 仲裁判断（25.04.1996）が「当事者の援用なしに取引慣行と PICC を適用したのは仲裁付託条件の違反である」として提起された外国仲裁判断の取消を求める訴えを，棄却している。棄却理由は「ICC 仲裁規則13(5)条及びフランス民事訴訟法1496条に基づき，仲裁廷は，最も適当と判断する the rules of law により判断すること又取引慣行を引用すること，は許される」としている[51]。

　アメリカの連邦裁判所は，ICC 仲裁判断（5.5.1997 ICC Award No.7365）の承認を求める申立てに対して，本件外国仲裁判断は「当事者の援用していない PICC と信義則により判定したのは仲裁付託条件を超過している」として，1958年ニューヨーク条約に基づいて承認拒絶を求める申立てがなされたところ，条約 V(1)(c)条の承認拒絶事由には該当しないと，決定している[52]。

---

(51) UNILEX 05.03.1998 Cour d'appel de Paris（1er Ch.C.）at http：//www.unilex.info/case.cfm?pid=2&do=case&id=1034&step=Abstract

(52) UNILEX 07.12.1998 US District Court, S.D. Cal. No.98.1165-B at http：//www.unilex.info/case.cfm？pid=2&do=case&id=652&step=Full text

PICCの項を総括すると，参照した事例の中でPICCの適用について消極的又は否定的な判定が一部見られることは確かであるが[53]，参照した事例の範囲内では，総じてPICCの適用には肯定的であり，法廷も仲裁廷も国際契約の実体上の紛争処理についてPICCを判定の規範又は基準として用いているので，そこには普遍的な一般規範性が認められる。

　しかし，PICCが用いられるのは実体の法としてであって，法廷地又は仲裁地の手続又はポリシーにかかわる事項については適用がないのである。例えば時効や代理店保護法などについては，当事者がPICC（1994年版）適用を合意又は請求しているにもかかわらず，仲裁廷は国家法たる国内法を用いて判定している[54]。

（3）1980年ウイーン売買条約（CISG）

　1980年ウイーン売買条約はそれ自体が法規である。正式に締約国になれば，原則として異なる締約国に営業所のある当事者間の物品売買契約にCISGは適用する（第1条(1)項(a)号）。当事者は条約の適用を排斥することができるが（第6条），排斥しなければ（黙っていれば）条約が適用される。つまり国際売買に適用のある法規である。

　そこには条約自体のもつ法規性のほか，CISGには国際慣習法としての効力もあるのである。そこでここでは(a)国際慣習法としてのCISG，(b)国際条約としてのCISG，を見て行きたい。

---

(53) UNILEX 00.09.1998 ICC Arbitral Award No.9419 や UNILEX 12.11.2004 Arbitral Award No.174/2003 by International Arbitration Court of the Chamber of Commerce and Industry of the Russian Federation などの事例

(54) 時効についてUNILEX 22.12.2004 Arbitral Award by Tribunal of International Commercial Arbitration at the Ukrainian Chamber of Commerce and Trade；代理店保護法についてUNILEX 00.09.2002 Arbitral Award by Corte Arbitrale della Associazione Italiana Arbitrato No.91/1001

第9章　国際取引における世界法たる jus gentium の形成

(a)　国際慣習法としての CISG

CISG は，締約国の当事者ではなくてもその国際取引に適用されるという，普遍的な一般法規性が認められる。CISG を lex mercatoria, 取引慣習（trade usages）とする事例がいくつか見られる。

①　ICC 国際商事仲裁　仲裁判断 No.5713（パリ 1989）[55]

準拠法の指定のない FOB 条件の物品売買契約の紛争について，仲裁廷は，1980 年ウイーン売買条約の条項ほど，広く行きわたっている取引慣習を判定するよい法源はない，として適用した。それはたとえ，売主又は買主両方とも条約の締約国の当事者でなくても，そうである，とした。もしそうであるなら，それは単に取引慣習（as a matter of trade usages）としてだけではなく，法として（as a matter of law）本件事件に適用される，とされた。

②　ICC 国際商事仲裁　仲裁判断 No.8502（パリ 1996）[56]

ベトナムの売主とオランダの買主との間の米の売買契約において Incoterms 1990 と UCP500 とが援用されていた。仲裁廷は，Incoterms と UCP 援用の事実から，当事者の意図として，契約は国際取引慣行と一般的に受容された取引原則によるものと判定し，Incoterms と UCP に規定のない事項については，CISG と PICC によることにした。仲裁廷は，CISG と PICC を国際取引法の取引慣行 trade practices を証明するものとして，本件取引に適用した。

ベトナムは CISG 締約国ではないので，条約の規定上は適用のない本件取引に，当事者の援用又は合意なしに，CISG を適用したものである。

③　ICC 国際商事仲裁　仲裁判断 No.9474（パリ 1999）[57]

X 国の国立銀行と会社との間の紙幣の印刷契約に，仲裁廷は CISG の適用を決定した。仲裁廷は，CISG を国際契約に適用する普遍的な原則を体

---

[55] CLOUT Case 45 at A/CN.9/SER.C/ABSTRACTS/3, Collection of ICC Arbitration Awards Vol.II at 223
[56] UNILEX 00.11.1996 ICC Arbitral Award No.8502
[57] UNILEX 00.02.1999 ICC Arbitral Award No.9474

3 世界法たる jus gentium の形成

現している,とした。そして紛争についていったん和解契約をしたのであるが,CISG と共に PICC を適用して,判定した。

このように CISG は PICC と共に,国際的に通用性のある rules of law を,国際的に成文化 (codification) したものと評価することができる,とされた[58]。

条約第1条(1)項(b)号に基づき,法廷地又は仲裁地の国際私法の指定する指定先が条約締約国法であれば,間接的に日本企業にも CISG が適用される場合や,当事者が CISG を準拠法に指定した場合などを除いて,わが国が CISG に加盟する前は,日本企業には原則として CISG の適用はない。しかし,そのほか上記の事例のように,CISG は国際慣習法として日本企業にも適用があるものと思われる。CISG は trade usages としても,法例2条(通則法3条)により慣習法として適用があることになる。

(b) 国際条約としての CISG

万民法型統一私法と呼ばれる CISG は,今日その世界が拡大している。CISG は1980年に採択され,1988年に発効して以来,加盟国は年々増加し2007年末現在は70カ国になっている。隣国の韓国も2005年3月に加盟し,英国も加盟を準備中と伝えられる。CISG の下で国際物品売買が行われ CISG に準拠して紛争が解決される世界が広がりをもってきているのである。そういう意味では CISG はその前文の通り,国際物品売買契約の uniform rules として国際貿易における法的障害を除去するのに,貢献しつつあるようにみうけられる。

CISG を各国における法廷や仲裁廷が適用して紛争を解決した事例は年々増加しており,これまでに CLOUT, UNILEX などの世界的データベースに蓄積されてきている[59]。

---

(58) 前掲注 (38) ICC 仲裁判断 No.117/1999 を参照

第9章　国際取引における世界法たる jus gentium の形成

　CISG 各条項の意味と効力については，これらのデータベースに蓄積された事例からほぼ予測可能であり，その予測性は高まりつつあると言える。

　例えば，CISG 25条の重大な契約違反（fundamental breach）と解除（avoidance）について，また重大（fundamental）ではない契約違反と付加期間についてなどは，判例としての事例がデータベースにいくつも蓄積されていて，それらの事例から予測が立つようになってきている。又例えば，CISG 39条における不適合の通知義務と合理的期間内（within a reasonable time）の通知や，CISG 79条の障害（impediment）などについても同様である。

　Peter Schlechtriem 教授は CISG 7 条 1 項の信義則の解釈について，この原則は国内法の概念から由来するべきではなく，できるかぎり締約国の法廷（courts）において最大限に一致を見た原則をもってするべきである，と述べている[60]。ここで言う"courts"は，PICC 1.11条の通り法廷のみならず仲裁廷も意味している。信義則についても現在までに蓄積されているデータベースの事例から，予測性が高まっているのである。

　前述の事例のとおり，PICC の CISG に相当する条項からも CISG の条項の解釈はより明確になる。例えば，CISG 48条の売主による治癒権は，CISG 49条の買主の解除権に服する（subject to article 49）とされるが，両者の関係は不明確である。そこで両者の関係は PICC 7.1.4条とコメント

---

(59) 柏木昇「ウイーン売買条約の下における最近の判例の傾向」『国際商取引学会年報第 1・2 号』187頁，189頁を参照。CLOUT，UNILEX など世界的データベースの目的と意義について詳しい。柏木教授がその当時参照された CLOUT は総件数145件（ケース245番まで）であったが，その後件数は増加して2006年 5 月には Case 617番までとなり，その後さらに件数は増えている。もっとも617件には国際商事仲裁モデル法のケースなども含まれており，CISG のケースに絞ればその時点での総件数約400件である。

　UNILEX も同様348件から2006年 7 月末現在694件に増えている。その後件数はさらに増加している。

(60) Peter Schlechtriem, *Commentary on the UN Convention on the Interntional Sale of Goods（CISG）* 2nd ed.（in translation）（Oxford University Press 1998）at 63

により解釈するとより明確になり，CISG が補強される。また前述のとおり，CISG に規定のない事項については PICC により補充されるのである。

　PICC 2004年版は代理，第三者の権利，相殺，権利譲渡，債務引受，契約譲渡，時効など範囲を拡大しているので，この点において PICC の果たす役割が増大している。これらの事項は CISG には規定のないものである。

　このように CISG は PICC によって補充され補強される関係にあることは早くから識者によって指摘されているところである[61]。このことは PICC 前文第5文から当然のことである。又このように PICC が CISG を補充・補完する関係は，今までに見てきた多くの具体的事例からも明らかであり，それはまさに PICC 前文の目指しているところなのである。

　国際条約としての CISG は，その世界が拡大して，普遍的な国際物品売買の国際契約法を構成している。それはさらに PICC によって補充され補強されて法的安定性を高めている。今日 CISG は国際条約としても国際慣習法としても，普遍的な一般法規性があり，現代の jus gentium であり，世界法たる jus gentium であると言える。

4　結　び

　以上のとおり，国の枠を超えて行われる transnational, supranational な取引に適用される法，ルールとして，インコタームズなどの援用可能国際ルール，ユニドロワ国際商事契約原則，1980年ウイーン売買条約が制定されて，実施されているのを見てきた。

　今日，インコタームズ，信用状統一規則，取立統一規則などの援用可能国際ルール，ユニドロワ国際商事契約原則，そして1980年ウイーン売買条

---

[61] 絹巻康史「ユニドロワ国際商事契約原則の現実対応性」『国際商取引学会年報第1・第2号』199頁，201頁
　Michael Joachim Bonell, Chapter 7 The UNIDROIT Principles and CISG, *An International Restatement of Contract Law, The UNIDROIT Principles of International Commercial Contract*, 3rd ed.（Transnational Publishers, Inc.2005）at 301–333 Bonell 教授は PICC and CISG side by side とされる。

第9章　国際取引における世界法たる jus gentium の形成

約などが，新しい現代の jus gentium であり，世界法たる jus gentium であるということができる。

　世界法たる jus gentium の取引世界は，現実に行われている国際物品売買や信用状取引などの国際貿易の世界，取引業界を中心に広がっている。わが国は漸く2008年7月にいたり CISG に加入し，2009年8月からわが国について正式に CISG が発効する。これに先立ち，先刻すでにわが国とわが国の国際取引業界は，世界法たる jus gentium の世界の一部を構成しており，その中に組み込まれている。2009年8月からは，わが国としてもCISG に正式に加盟して，名実共にその構成員として国際取引に参加することになるのである。

　CISG を含む世界法たる jus gentium にかかわる国際的事例の蓄積についても，世界的データベースに，CISG 加盟前は，わが国の事例らしい事例を一件も見出すことはできないでいる。しかし2009年8月以降は CISG 締約国としてのわが国をめぐって国際取引が活発に行われ，国際取引紛争も日本の司法法廷或いは仲裁廷において世界法たる jus gentium によって判定されて，多くの国際的事例をデータベースに提供できるようになることが望まれる。

　思うに，田中耕太郎先生の世界法，喜多川篤典教授の new lex mercatoria，新堀聰教授のグローバル商取引法が，本書の世界法たる新しい jus gentium において実現している，と言うことができるのである。今後さらに世界法たる新しい jus gentium が形成されて，生成・成熟し発展して行くものと期待される。

おわりに——新しい世界法たる Jus Gentium の形成へ

　EU 域内においては国内法の相違を超えて単一の共通した市場が形成されつつある。ヨーロッパ契約法原則はこのようなヨーロッパ単一市場に適用される共通の契約法を目指したものである。このことは，さらには世界的規模において国内法の相違を超えて共通した市場が形成される可能性を示唆している。今既に国際商取引のそれぞれの分野において，国際取引業界乃至は市場が形成されていて，国の枠を超えたグローバルな商取引が行われているのであるから，世界的規模において共通の市場乃至は業界が既に形成されているものと言えよう。

　このように国の枠を超えたグローバルな商取引の supranational 又は transnational な市場や業界が形成されている以上，supranational 又は transnational な市場や業界のための法が形成されてしかるべきである[1]。

　すでに見てきたようにグローバルな商取引に適用される法として，新しい jus（ius）gentium とも言うべきものが形成されてきていることは前述のとおりである。このような新しい jus gentium として，ウイーン売買条約（CISG）とユニドロワ国際商事契約原則やヨーロッパ契約法原則などの国際契約法原則，そしてインコタームズや信用状統一規則などの援用可能国際取引ルールなどを挙げることができるのである。

　万民法（jus gentium）型の世界統一私法と言われるウィーン売買条約（CSIG）が，今世界の普遍的な国際売買法として存在していることは，前述のとおりである。また国際契約法原則や援用可能国際取引ルールの適用

---

[1] 田中耕太郎『世界法の理論第 1 巻』（岩波書店，1932 年）
　　高桑昭『国際取引における私法の統一と国際私法』（有斐閣，2005 年）
　　新堀聰・柏木昇『グローバル商取引と紛争解決』（同文舘出版，2006 年）

おわりに

についても，その普遍性は前述したとおりである。実際に司法法廷においても，仲裁廷においても，当事者の指定又は授権がなくても，ユニドロワ国際商事契約原則や援用可能な国際取引ルールを適用して判定した法廷の判例や仲裁廷の仲裁判断の事例が，いくつも存在しているのである。このような判定は，法廷地の国際私法を含む国内法の拘束を受ける司法法廷よりも，仲裁地の国内法に拘束されることの少ない国際商事仲裁においてより容易であろう。

この点国際商取引の紛争解決の手段としての国際商事仲裁は，国際仲裁規則によっても支持され促進されている。

例えば，アメリカ仲裁協会國際仲裁規則第29条1項は，当事者による準拠法の指定がない場合，國際私法のルールによらずに仲裁廷が適当と判定する法（law）を適用するものと，規定している。この場合仲裁廷が適当と判定する法には，ここで言う新しいjus gentiumが含まれることは言をまたないでところであろう[2]。

同様のことが，ICC仲裁規則やUNCITRAL国際商事仲裁モデル法においても見ることができる。

ICC仲裁規則第17条は，当事者は仲裁廷が本案に適用するべき法規範（rules of law）を自由に合意することができるが，かかる合意がない場合は，仲裁廷は適当と認める法規範（rules of law）を適用することができる，

---

[2] American Arbitration Association International Arbitration Rules as amended 1992, "Article 29 1.The tribunal shall apply the substantive law or laws designated by the parties as applicable to the dispute. Failing such a designation by the parties, the tribunal shall apply such law or laws as it determines to be appropriate."

[3] ICC Rules of Arbitration in force as from January 1,1998, "Article 17 Applicable Rules of Law, 1 The parties shall be free to agree upon the rules of law to be applied by the Arbitral Tribunal to the merits of the disputes. In the absence of any such agreement, the Arbitral Tribunal shall apply the rules of law which it determines to be appropriate.

2 In all cases the Arbitral Tribunal shall take info account of the provisions of the coutract and the relevant trade usages."

と定めている[3]。

　また，UNCITRAL の国際商事仲裁モデル法第28条(1)項に，紛争の実体に適用される規範（rules）として，当事者の選択した法の規範（rules of law）が規定されている。同(2)項には，当事者の指定がない場合は，仲裁廷が適用されるものと認める国際私法の準則により決定される法（law）を適用しなければならない，とされている。UNCITRAL 国際商事仲裁モデル法は，当事者が選択できる規範は，法（law）のほか，法の規範（rules of laws）も選択できることを明らかにしている[4]。

　ICC 仲裁規則や UNCITRAL 国際商事仲裁モデル法が準拠するべきものとして定めている法の規範（rules of law）には，ここで論じてきた新しい jus gentium が含まれることは異論のないところであろう。

　わが国は漸くウイーン売買条約（CISG）に加入した。2009年8月1日よりわが国について発効する。わが国の当事者の行う国際売買が CISG のもとに行われて，その相手方との紛争が，CISG と CISG を解釈又は補完するユニドロワ国際商事契約原則（PICC）などの国際契約法原則，及び援用可能国際ルールなど，によって解決されて，事例として蓄積されてゆくことにより，世界法たる新しい jus gentium が形成されていくのである。

　国際取引法における信義則の内容とその基準の形成も，このような世界法たる新しい jus gentium の形成の中で，形成されて行くのである。

　国際取引法の将来の課題としては，ウイーン売買条約（CISG）の解釈について，各国の司法法廷或は仲裁廷から上訴を受付ける国際裁判所又は

（4）UNCITRAL Model Law on International Commercial Arbitration 1985, "Article 28. Rules applicable to substance of dispute,(1) The arbitral tribunal shall decide the dispute in accordance with such rules of law as are chosen by the parties as applicable to the substance of the dispute. Any designation of the law or legal system of a given State shall be construed, unless otherwise expressed, as directly referring to the substantive law of that State and not to its conflict of law rules.
(2) Failing any designation by the parties, the arbitral tribunal shall apply the law determined by the conflict of laws rules which it considers applicable."

おわりに

世界法廷の設定がある。

◇ 事 項 索 引 ◇

❖ あ行 ❖

悪意の交渉 …………………………… 18
アルコア判決 ……………………… 111
一部履行 …………………………… 169
一般規範性 ………………………… 197
一般義務として信義則 ……………… 13
一般原則 ………………… 10, 20, 24, 29, 81
　　——としての信義則 …………… 14
一般法規性 ………………………… 201
一般法規性又は規範性 …………… 179
インコタームズ …………… 178, 185, 187
ウイーン売買条約（CISG） ……… 3, 23, 27,
　　　　　　　　　　　57, 178, 185, 205
ウラニュウム訴訟 ……………… 95, 113
エスカレーション ………………… 114
エネルギー危機 ………………… 89, 109
援用可能国際ルール …………… 178, 185

❖ か行 ❖

外国判例 ……………………… 39, 52
　　——の説得力（persuasive value）… 52, 54
解釈の方法 ………………………… 39
解消（discharge） ………………… 96
解除の条件 ………………………… 96
改訂（adaptation） ……………… 75, 88,
　　　　　　　　　95～98, 106, 111, 146
回避または克服不可能な障害 ……… 70
回避または克服不可能性 …………… 61
価格調整 …………………………… 114
価格調整条項 ……………………… 106
価格見直し条項 …………………… 114
過　失 …………………… 61, 62, 173, 175
過失主義 ……………………… 174, 175
過失責任 …………………………… 121
慣　行 ………………………… 30, 32
慣　習 ………………………… 30, 32
帰　責 ……………… 61, 62, 155, 158, 173, 175

帰責事由 ……………… 94, 147, 155, 174
規定欠欠の補充 …………………… 40
義務の不履行 ……………………… 57
協力義務 …………………………… 46
禁反言 ……………………… 34, 37, 49, 50
　　——の原則 ……………… 44, 124
グローバル商取引法 …………… 183, 202
経済的な履行困難 ……… 72, 88, 105, 116
契約解除（avoidance of contract, termination of contract） ……… 75, 96, 155, 158
　　——の意思表示 ………………… 46
契約解除権 …………… 36, 155, 158, 160
契約交渉 …… 11, 125～127, 141, 145, 146, 153
契約責任 ………………………… 155
契約内容の変更 …………… 33, 146
契約の均衡 ………………………… 85
契約目的の達成不能 …………… 105
権利濫用 …………………………… 49
公正行動 ………………………… 17, 20
公正取引 …………………………… 28
公訴権の乱用 ……………………… 49
公　平 …………………………… 124
衡　平 …………………………… 124
衡平的 ……………………………… 74
衡平的分担 ………………………… 97
合理性（reasonableness） … 9, 10, 20, 38, 41
合理的期間内 ………………… 34, 43
国際慣習法 ……………………… 197
国際契約法 ……………………… 201
国際裁判管轄 …………………… 180
国際私法 ………………… 102, 180, 204
　　——の準則 ……… 41, 53, 59, 102
国際商事契約原則 ………………… 74
国際商事仲裁 …………… 183, 188, 204
国際性 ………………………… 31, 54, 59
国際的性質 ……………………… 27
国際取引 ……………………… 31, 32
国際取引における信義の遵守 … 27, 30, 46, 59

事項索引

国際リステートメント……………16, 54, 81

◆ さ行 ◆

再交渉（renegotiation）……11, 94, 115
再交渉条項………………………………75
最善努力…………………………………11
最善努力条項…………………………125
債務不履行………………145, 146, 155, 173
サブリース契約………………………151
三方よし………………………………120
自己の支配を越えた障害………57, 60, 64
事情変更…………………………………57
——の原則………………57, 79, 140, 150
——の法理………………………………58
自然災害…………………………………64
実際的解決……………………………114
実際的な解決方法………………………74
実質法的指定…………………………100
借地借家法32条1項…………………152
重大な契約違反…………35, 36, 49, 96, 155,
156, 158〜160, 163〜173
主観的要素………………………………61
受領遅滞…………………………37, 169
準拠法………………………iii, 25, 100, 102,
116, 179, 181, 189, 194
準備段階（契約の）…………11, 25, 141
障害（impediment）…………………82
——の法理…………………………60, 173
商慣行…………………………………188
商慣習…………………………181, 188
商慣習法………………80, 181, 183, 189
消極的損害……………………126, 131
正　直………………………13, 14, 120
商事実行不能……58, 85, 89, 91, 105, 107, 111
商習慣（usage）………………………17
消費者売買………………………………23
証明責任……………………41, 60, 76, 164
条約の基礎にある一般原則……15, 40,
41, 59, 95, 194
条約の自律的信則………………………31
自律性……………………………………53

自律的………………………………………39
信　義………………………13, 20, 28, 38, 95
——と合理性……………………………38
——の原則………………24, 29, 41, 74, 146
——の遵守………………………………15
信義衡平…………………………85, 96
信義誠実………………………………120
——の原則…………………………24, 119
信義則……10, 13, 16, 24, 41, 54, 119, 150, 153
——の本質…………………120, 122, 124
取引における——……………………121
信義則上の協力義務…………………121
信義則上の注意義務違反…………141, 145
——による契約内容の変更又は改訂…146
準備段階における——………………125
甚大な不公平是正条項………………114
信用状統一規則（UCP）………178, 187
600………………29, 62, 63, 74, 178, 183
信頼利益（消極的損害）………11, 145
スエズ運河事件………………………87, 108
誠実義務………………………………121
誠実協議………………………………11, 133
誠実協議義務……………………134, 135, 143
誠実協議条項…………………………125
世界的データベース…………………199, 202
世界判例法………………………………54
世界法…………………………………202
——の理論……………………………182
世界法廷…………………………52, 206
説明義務………………………………121
1958年ニューヨーク条約…………100, 195
1964年ハーグ統一法（ULIS）…29, 62, 156
1978年UNCITRAL条約草案………………27
1980年ウィーン売買条約……………15, 197
前文（PICC）…………………80, 189
先例拘束性………………………………52
損害軽減義務…………………………37, 48

◆ た行 ◆

戴冠式ケース……………………………86
代替品…………………………………159

208

事項索引

――の引渡しを受ける権利 ……………155
長期契約……………76, 79, 95, 100, 105, 150
通則法3条 ………………………………189
データベース ……………39, 40, 53, 60, 200
統一商法典（UCC）………………… 81, 87
　 1-103条 ……………………………… 107
　 2-615条 …………………………87, 88, 107
統一性 ………………… 27, 31, 40, 50〜54, 59
当事者自治 ………………………………… 75
独占交渉義務 ………………… 134, 135, 143
ドラフティング ……………………… 95, 102
取立統一規則 ………………………178, 188
取引慣行（trade practices）…………30, 32,
50, 196, 198
取引慣習（trade usages）…30, 32, 195, 198

◆ は行 ◆

販売店契約 …………………………………76
万民法型統一私法 ………………… 26, 199
判例（case law）…… 43, 52, 59, 77, 160, 165
標準条項 ……………………………………46
品質不良 …………………………………170
付加期間 ……………………………… 35, 36
付加期間設定 ………… 158, 165, 167, 170, 173
不可抗力 ………………………… 81, 89, 105
不可抗力条項 ………………………………81
不完全履行 ……………………………… 169
物品検査義務 ………………………………34
物品保存義務 ………………………………37
不適合の治癒 ………………………………47
不適合（の）通知 ……………………… 34, 43
フラストレーション …………………… 85, 89
プラント輸出契約 …………………………76
不利益（detriment）……………………156
紛争処理（ADR）条項 …………………115
法規範（rules of law）……………181, 190,
192, 196, 199, 204
法廷（courts）………………………… 200
法の一般原則 ……… 80, 181, 190, 191, 204

◆ ま行 ◆

免　責 …………………… 60, 65, 66, 106, 107
申込の撤回 …………………………………33
黙示の条項（implied terms）……………86

◆ や行 ◆

ユニドロワ国際商事契約原則（PICC）…3,
16, 42, 79, 102, 116, 158, 178, 185, 189, 205
ヨーロッパ契約法原則（PECL）……20, 26,
42, 74, 184, 203
予　見 ………………………………… 92, 115
予見可能 …………………………………132
予見可能性 ………………………………147
予見不可能 ……………………………68, 147
　――な障害 ………………………………68
予見不可能性 ………………………… 61, 115
予測可能（性）……26, 102, 179, 181, 184, 200
予測性 ……………………………………200

◆ ら行 ◆

履行困難 ……8, 19, 51, 83, 90, 114, 146, 195
　――の効果 …………………………84, 94
　――の定義 ………………………………83
履行困難条項（ハードシップ・クローズ）
………………………………………………101
履行遅滞 …………………………………169
履行不能 ………………… 82, 105, 107, 108, 113
履行利益 …………………………………135
立証責任 …………………………………164
立法記録 ……………………………………39
レターオブインテント …11, 25, 145, 192, 193

209

事項索引

◆ 欧文 ◆

ALCOA 対 ESSEX ……………………111
ALCOA 判決 ………………88, 91, 98, 99
avoidance of contract ………………158
case law ……………………160, 165
CIF ……………………………47, 186
CIF 条件 ……………………162, 167
CISG ……………………57, 178, 197
　1 条 1 項(a)号 …………26, 197, 199
　2 条(a)号 ………………………3, 23
　4 条…………………………………76
　6 条………………………………75, 197
　7 条 1 項 …………15, 24, 27～30, 38, 40,
　　　　　　　45, 47～52, 54, 59, 60, 74, 200
　7 条 2 項…………………16, 27, 40, 43,
　　　　　　　　　　51, 53, 59, 74, 75, 194
　8 条 ………30, 46, 60, 80, 161, 162, 193
　8 条 1 項……………………………49
　8 条 2 項…………………………39, 61
　8 条 3 項…………………………31, 61
　9 条 ………………………………30, 50
　9 条 1 項……………………………31
　9 条 2 項……………………187, 189
　14 条…………………………………46
　16 条 2 項(b)号…………………29, 33, 42
　18 条…………………………………46
　18 条 2 項……………………………39
　19 条 2 項……………………………42
　21 条 2 項…………………………33, 42
　25 条……39, 51, 155～166, 168, 172, 173, 175
　25 条但し書き……………………158
　29 条 2 項…………………29, 33, 42
　31 条…………………………………66
　33 条…………………………………39
　34 条…………………………………34
　35 条…………………………………42
　35 条 2 項…………………………172
　35 条 3 項……………………………45
　37 条…………………………29, 34, 39
　38 条…………………………29, 34, 42
　38 条 3 項……………………………39
　39 条……………………………29, 34, 39
　39 条 1 項…………………………42, 43
　40 条……………………………29, 35, 45
　43 条…………………………………39
　44 条……………………………34, 39, 42
　46 条 2 項……………………………159
　46 条 3 項……………………………39
　47 条……………………………39, 170
　48 条 ……………………………39, 47, 200
　48 条 2 項…………………………39, 42
　49 条 ………………47, 157, 165, 172, 200
　49 条 1 項(a)号契約解除 …158, 165, 166, 172
　49 条 1 項(b)号 ……47, 158, 165～167, 170
　49 条 1 項 2 項 …………………29, 35
　49 条 2 項(a)(b)号……………………39
　50 条…………………………………34
　51 条 2 項 ………………159, 169, 171
　54 条…………………………………42
　60 条 ……………………………39, 42
　61 条 1 項(b)号……………………48
　63 条…………………………………39
　64 条 ……………………………157, 165
　64 条 1 項(a)号契約解除 …158, 165, 167, 169
　64 条 1 項(b)号 ……………158, 165, 167
　64 条 1 項 2 項………………………37
　64 条 2 項(b)号………………………39
　65 条 1 項……………………………39
　65 条 2 項……………………………42
　68 条…………………………………42
　70 条………………………………159
　72 条……………………………39, 159
　73 条 1 項…………………………169
　73 条 2 項……………………39, 159, 169
　73 条 3 項…………………………169
　74 条……………………………48, 157, 164
　75 条…………………………………39
　76 条 2 項……………………………39
　77 条……………………………37, 39, 42, 48
　79 条……………………………57, 62, 64, 69～74,
　　　　　　　　　　76, 77, 82, 90, 157, 173

79条1項 ……………39, 58, 60, 62, 63, 74	impediment ………………………57, 58, 60
79条2項………………………………67	impossibility ……………………58, 105
79条2項(a)(b)要件………………………67	imprévision ………………………………58
79条4項………………………………39	INCOTERMS……………………178, 187
80条 ………………………………37, 49	Ingeborg Schwenzer ……………31, 157
82条 ………………………………29, 37	International commercial contracts ………3
85条 ………………………………39, 42	International trade …………………3, 32
85条から88条まで ………………29, 37	jus（ius）gentium（万民法）………177, 184, 201, 203
86条 ………………………………39, 42	
86条2項………………………………39	law ……………………………………181
88条…………………………………39	lex mercatoria……………………80, 181, 187, 189, 191, 193, 198
88条1項………………………………39	
CISG online ……………………………39	Michael Joachim Bonell …………………41
clousula rebus sic stantibus …………58, 85	Mineral Park Company …………………87
CLOUT ……………………………53, 199	Nachfrist ……………………………170, 173
Corbin ………………………………14, 87	National Correspondent ……………53, 55
Davis Contractors Ltd. ………………87, 92	new lex mercatoria ……………183, 184, 200
Digest ………………………………54, 55	of essence ……………………………161
eccressiva onerosita sopravenutà …………58	OPEC離れ……………………………110
Enron …………………………………5, 106	Pace University ……………39, 53, 60
equitable ………………………………9, 10	PECL ………………20, 26, 42, 74, 184, 203
exemption ………………………………60	Art.1：101…………………………21
fairdealing ………………………20, 28	Art.1：201…………………………21
Force Majeure ……58, 68, 69, 71, 76, 81, 105	Pacta sunt servanda ………76, 83, 84, 146
frustration ……………………58, 85, 105	Peter Schlechtriem …28, 31, 41, 157, 163, 200
fundamental breach ……………………155	PICC…………………………………189
fundamental non-performance of contract ……………………………………158	1.3条………………………………85, 195
	1.7条……………………………16, 95, 193
gap filling ……………………………29, 40	1.11条……………………………100, 200
Gas Sales Agreement …………………5	2.1.15条………………………………18
Good Faith ……………10, 17, 18, 20, 28	2.17条………………………………195
good faith and fair dealing ………………18	2.21条………………………………193
Hardship ……………8, 58, 83, 90, 105, 106	4.3条………………………………193
hardship条項……………………………75	4.6条………………………………193
Honesty …………………………13, 25, 20	5.3条…………………………………95
Honnold, J. O.………………28, 38, 157	6.2.1条……………………………83, 195
ICC ……………………………………185	6.2.2条…………………………19, 83, 90
ICC仲裁規則…………………………204	6.2.3条…………………………19, 84, 94
17条…………………………………204	7.1.4条………………………………200
17条2項……………………………189	7.1.7条…………………………………81
ICC標準条項…………………………83, 101	7.1.7条1項……………………………76

211

事項索引

7.3.1(2)······158
7.4.8条······20
7.4.9条······43, 194, 195
7.4.13(2)条······194
78条······194
promissory estoppel······50
reasonableness······9, 10, 20, 38
Restatement (Second) of Contract 261条
　······107
restitution······96
substitute goods······159
take or pay 条件······5
The Law Reform (Frustrated Contracts)
　Act of 1943······97
the rules of law······195

transnational······177, 203
transnational commercial law······182
transnational law······182
travaux pré paratories······39
UCP······187
UNCITRAL······52-55, 60, 183, 204
　──の公用語······40
UNCITRAL 事務局······28, 32, 53
UNIDROIT······79, 183
UNILEX······39, 52, 199
URC······188
552······178
Wegfall der Geschäftsgrundlage······58
Westinghouse······95, 113

〈著者紹介〉

加藤 亮太郎（かとう りょうたろう）

1937年7月	東京にて出生
1962年3月	東京大学法学部卒業
1963年—1965年	Yale Law School LL.M
1967年—1997年	伊藤忠商事(株)法務部（ニューヨークに10年、ロンドンに5年　法務駐在）
1997年—2000年	(株)日本製鋼所総務部国際法務担当
2000年—2003年	滋賀大学経済学部教授　国際取引法等
2004年—2008年	神戸学院大学法科大学院教授　国際取引法等
1994年	ニューヨーク州弁護士登録

〈主要著作〉

「契約と事情変更について—Economic Hardship をめぐるアメリカ法を中心として」（国際商事法務 Vol.25・No.2・1997年），「ユニドロワ国際商事契約原則における事情変更の原則」（東海法学第22号・1999年），「国際商事契約と信義則の一考察——新しい Jus Gentium 形成の展望の中で——」（国際取引学会年報・2003年第5号），「国際取引における世界法たる jus gentium の形成」（神戸学院法学第36巻1号・2006年），「取引における信義誠実の原則」（神戸学院法学第36巻3・4号・2007年），「国際取引における信義誠実の原則——ウイーン売買条約を中心として」（神戸学院法学第37巻2号・2007年），「ウイーン売買条約における事情変更の原則——CISG 第79条について」（神戸学院法学第38巻1号・2008年），「ウイーン売買条約における契約責任——CISG 第25条の fundamental breach について」（国際商事法務 Vol.37・No.6・2009年）

理論と実際シリーズ
5
国際取引法

❀❊❀

国際取引法と信義則

2009(平成21)年5月25日　第1版第1刷発行

著　者　加藤　亮太郎
発行者　今井貴・渡辺左近
発行所　株式会社　信山社
〒113-0033　東京都文京区本郷6-2-9-101
Tel 03-3818-1019　Fax 03-3818-0344
info@shinzansha.co.jp
出版契約 No.2009-5835-01010　Printed in japan

Ⓒ 加藤亮太郎, 2009　印刷・製本／亜細亜印刷・渋谷文泉閣
ISBN978-4-7972-5835-6 C3332 分類 329.601-d005 国際取引法
5835-01010：p224：b1500：P3600《禁無断複写》

「理論と実際シリーズ」刊行にあたって

　いまやインターネット界も第二世代である「web2.0」時代を向かえ、日本にも史上類をみないグローバリゼーションの波が押しよせています。その波は、予想を超えて大きく、とてつもないスピードで私たちの生活に変容をもたらし、既存の価値観、社会構造は、否応もなくリハーモナイズを迫られています。法、司法制度もその例外ではなく、既存の理論・判例や対象とする実態の把握について、再検討を要しているように思われます。

　そこで、わたしたちは、現在の「理論」の到達点から「実際」の問題、「実際」の問題点から「理論」を、インタラクティブな視座にたって再検討することで、今日の社会が回答を求めている問題を検討し、それらに対応する概念や理論を整理しながら、より時代に相応しく理論と実務を架橋できるよう、本シリーズを企図致しました。

　近年、社会の変化とともに実にさまざまな新しい問題が現出し、それに伴って、先例理論をくつがえす判決や大改正となる立法も数多く見られ、加えて、肯定、否定問わず理論的な検討がなされています。今こそその貴重な蓄積を、更に大きな学問的・学際的議論に昇華させ、法律実務にも最大限活用するために巨視的な視座に立ち戻って、総合的・体系的な検討が必要とされるように思います。

　本シリーズが、集積されてきた多くの研究と実務の経験を新しい視軸から考察し、時代がもとめる問題に適格に応えるため、理論的・実践的な解決の道筋をつける一助になることを願っています。

　混迷の時代から順風の新時代へ、よき道標となることができれば幸いです。

　　2008年12月15日　　　　　　　　　　　信山社　編集部